Ludwigsluster Papiermaché

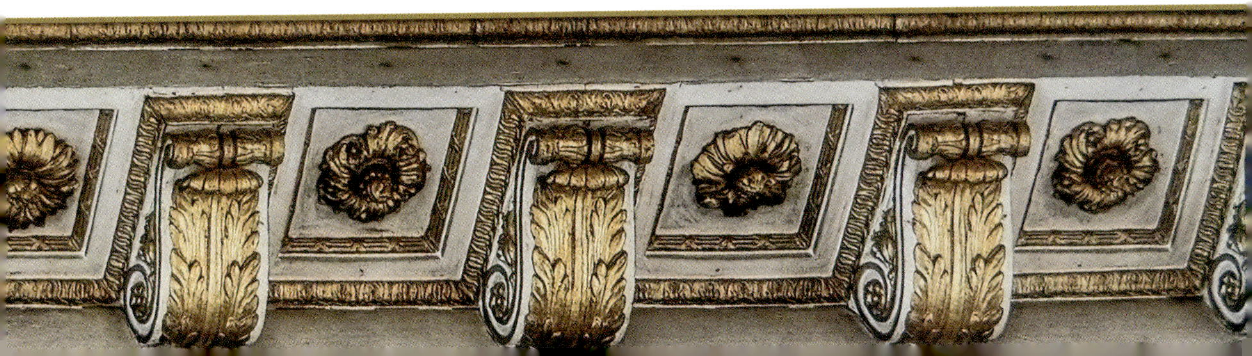

Für Friederike-Elisabeth, Marie-Alexander und Iris

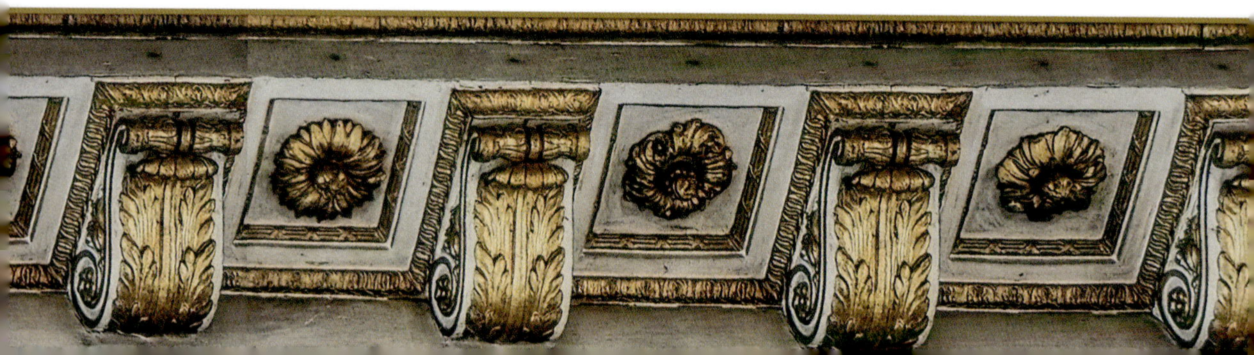

Ludwigsluster Papiermaché
Eine Entdeckungsreise

von

Norbert Leithold

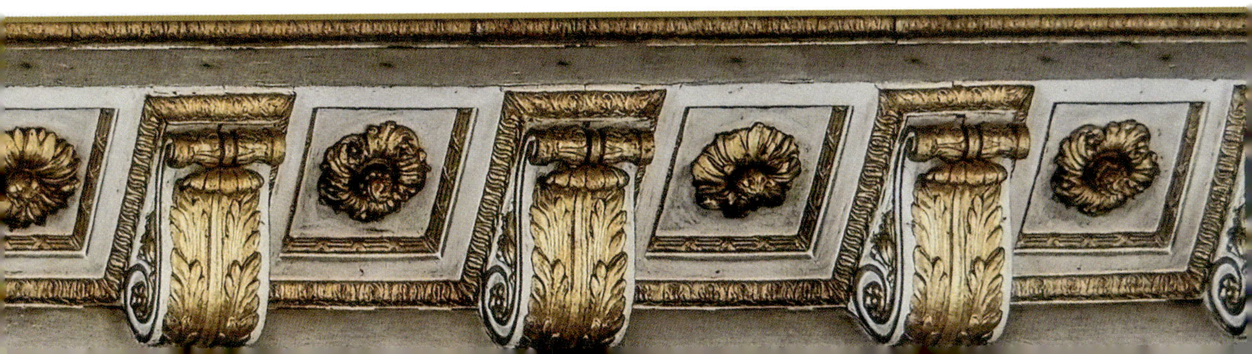

Einband: Die Stärke (s. Seite 68/69),
Einbandrückseite: Flöte spielender Faun (s. Seite 46),
S. 1–3: Fries im Goldenen Saal des Schlosses Ludwigslust, Papiermaché (s. Seite 39),
S. 2, 29, 69: Teil eines Festons, Ludwigsluster Papiermaché.

ISBN 978-3-89772-329-0

Leithold, Norbert
Ludwigsluster Papiermaché.
Eine Entdeckungsreise
1. Aufl. – [Leipzig]: Tauchaer Verlag 2024
ISBN 978-3-89772-329-0

Gestaltung / Layout: Ralf Müller, Leipzig
Druck und Bindung: PBtisk a.s., Příbram

Printed in the EU

www.tauchaer-verlag.de

Inhalt

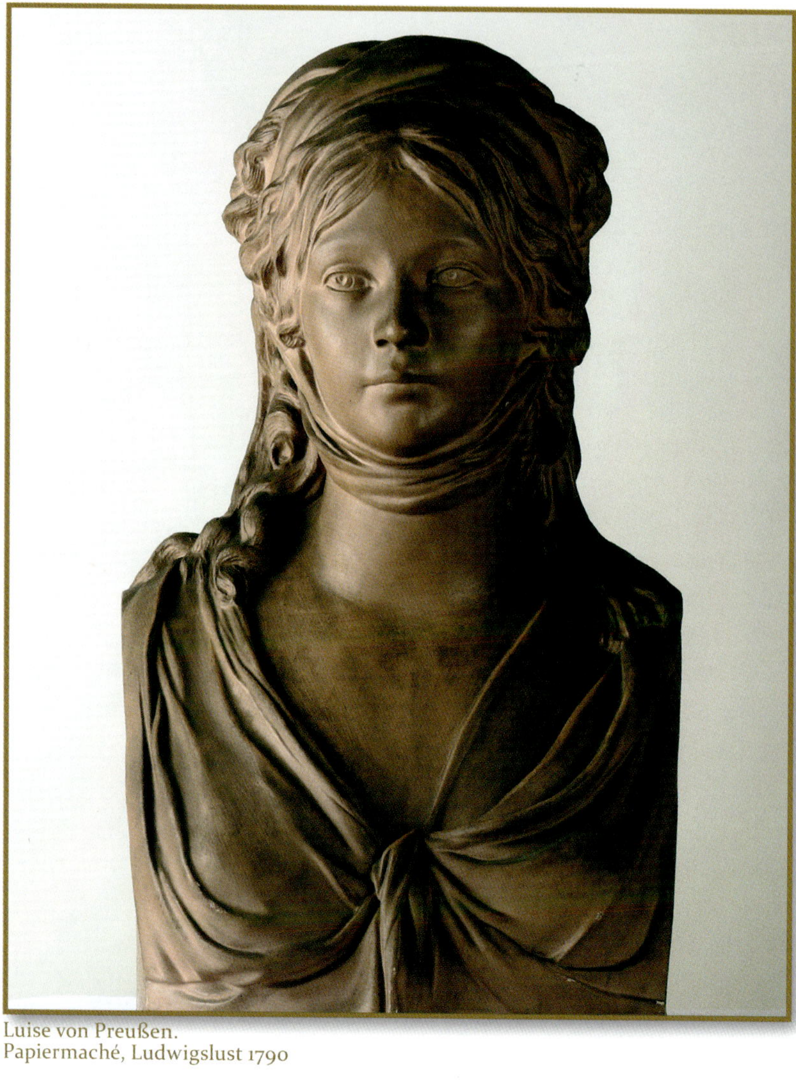

Luise von Preußen.
Papiermaché, Ludwigslust 1790

Vorwort

Dekorationen aus Papiermaché an Decken und Wänden in einem Schloss kann man sich vorstellen. Doch Vasen, Büsten und Statuen aus diesem durchaus vergänglichen Material in einem Park – wo hat es das gegeben? Was andernorts in Stuck, Sandstein oder Marmor gefertigt wurde, lieferte die *Ludwigsluster Carton-Fabrik* in Papiermaché. Ihre Produkte sind eine kulturgeschichtliche Einmaligkeit. Sie zieren Säle und Galerien, wurden in Gärten aufgestellt und bewundert.

Der Siegeszug des Papiermachés als Ausgangsstoff für Luxusartikel begann in Paris Mitte des 18. Jahrhunderts. Tabatieren, Etuis und Necessaires – mit Lackmalerei und Edelsteinen geschmückt – waren hochgeschätzt. Ganze Garnituren von Vasen aus Papiermaché gelangten an den russischen Zarenhof. Der Boom rief bald englische Fabrikanten auf den Plan, die Deckenschmuck für Schlösser aus diesem Material herstellten. Die Königsdisziplin aber, nämlich Statuen in Papiermaché zu fertigen, gelang Ende des 18. Jahrhunderts schließlich der Manufaktur im mecklenburgischen Ludwigslust.

Wie es dazu kam und was davon die Zeiten überdauert hat, soll hier erzählt werden. Neue Forschungsergebnisse sind zudem Anlass, mit liebgewonnenen Irrtümern aufzuräumen.

Ludwigslust, im Sommer 2023

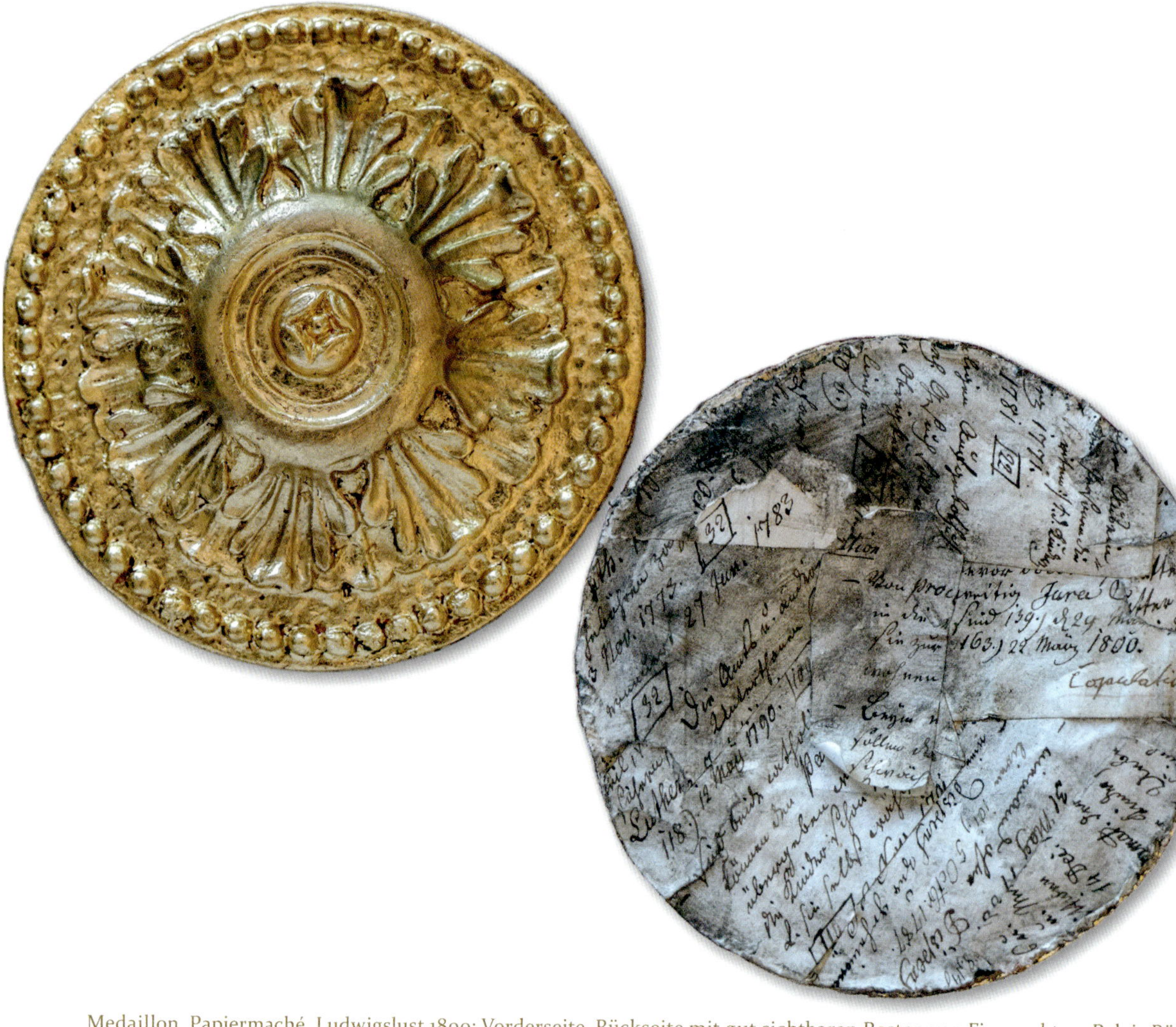

Medaillon, Papiermaché, Ludwigslust 1800; Vorderseite, Rückseite mit gut sichtbaren Resten von Finanzakten, Palais Bü

I. Zwischen Gurkengläsern

Sie stand im Treppenhaus auf einem hohen Dielenschrank zwischen Gurkengläsern, war schwarz angelaufen. Von ihrer Schönheit war im ewigen Dämmerlicht nicht viel zu sehen, dass sie aber schön sein musste, konnte der junge Mann, der den Einkauf für eine Dame besorgte, die hier wohnte und das Haus nicht mehr verlassen konnte, nur erahnen. Grazil saß sie an eine Säule gelehnt und blickte versonnen, trug ein feines Gewand im Stil der alten Griechen. Der junge Mann fragte die Dame nach der Schönen, doch die sagte nur, dass sie schon lange dort stehe.

Das trug sich 1949 in Ludwigslust zu, einer kleinen Stadt zwischen Berlin und Hamburg. Die herzogliche Familie zu Mecklenburg, die bis zum Kriegsende das Schloss bewohnt hatte, war in den Westen geflohen – mit ihr der größte Teil des Hofadels, der über Generationen in der Stadt gelebt hatte. Vertriebene kamen. Manches wurde geplündert oder versteckt, um es vor Plünderung zu schützen, anderes gegen Kartoffeln und Kohlen eingetauscht. Die Sieger stationierten in der Stadt ein Regiment und regierten mit harter Hand. Auch deshalb wollte die Dame nicht mehr auf die Straße und überließ es dem jungen Mann, für sie einzukaufen. Auf einer wackeligen Leiter mit nur vier Sprossen kletterte der eines Tages am Schrank hoch, um die Schöne von nahe zu besehen. Er fand ihr Gesicht und ihre Körperhaltung verführerisch, vermutete, dass die einen halben Meter hohe Bronzefigur etliche Kilo wiegen musste, viel zu schwer, um sie, ohne damit zu stürzen, vom Schrank holen zu können. Er griff dennoch nach ihr und ließ sofort wieder los. Sie war leichter als eines seiner Schulbücher! Die Neugier nach der Schönen erlosch augenblicklich, nach und nach holte er die Gurkengläser vom Schrank.

Die alte Dame starb. Im Haus wohnten nun zwei Schwestern und verschenkten den Nachlass, bis nur der Dielenschrank und die Schöne darauf übrig blieben. Beides konnte der junge Mann haben. Der Schrank – barock und schwer – interessierte ihn, aber es gab keinen Platz, denn das elterliche Haus war noch beschlagnahmt. Die Schöne hätte er gleich mitnehmen können, doch er wollte sie nicht: Sie erschien ihm höchstens kurios.

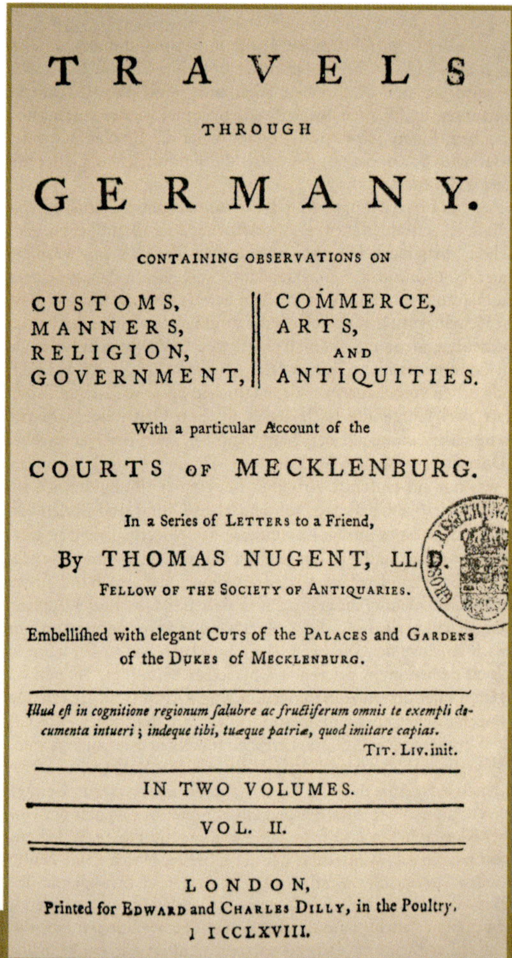

TRAVELS

THROUGH

GERMANY.

CONTAINING OBSERVATIONS ON

CUSTOMS,	COMMERCE,
MANNERS,	ARTS,
RELIGION,	AND
GOVERNMENT,	ANTIQUITIES.

With a particular Account of the

COURTS OF MECKLENBURG.

In a Series of LETTERS to a Friend,

By THOMAS NUGENT, LL.D.

FELLOW OF THE SOCIETY OF ANTIQUARIES.

Embelliſhed with elegant CUTS of the PALACES and GARDENS of the DUKES of MECKLENBURG.

Illud eſt in cognitione regionum ſalubre ac fructiferum omnis te exempli documenta intueri; indeque tibi, tuæque patriæ, quod imitare capias.
TIT. LIV. init.

IN TWO VOLUMES.

VOL. II.

LONDON,
Printed for EDWARD and CHARLES DILLY, in the Poultry.
M DCCLXVIII.

Titelseite der Erstausgabe von Thomas Nugents Reise durch Mecklenburg, 1768

II. Das Staunen beginnt – eine kurze Chronologie

Im Jahr 1750 gab es weder Ludwigslust noch das Schloss, die Schlosskirche oder die weitläufige Anlage dazwischen mit den Kavaliershäusern. Stattdessen stand an dieser Stelle ein unscheinbares, eingeschossiges Jagdhaus aus Fachwerk, das sich Herzog Christian Ludwig II. zu Mecklenburg-Schwerin (1683–1756) hatte errichten lassen, umgeben von einem Ziergarten, dahinter endlose Wälder mit alten Eichen, Buchen und dichtem Unterholz, in dem der Herzog seiner Jagdlust frönte. Kaum einem Menschen war dieser Flecken bekannt.

Nur 18 Jahre später bestaunte der Engländer Thomas Nugent in diesem Ort, der nun Ludwigslust hieß, einen weitläufigen Park: *Ich muss gestehen, dieser Ort hat alle meine Erwartungen bei weitem übertroffen, ich brachte diesen ganzen Vormittag damit zu, um alle bezaubernden Schönheiten desselben zu besehen. Wahrlich der Anblick aller dieser Seltenheiten riss mich so hin, dass ich nachher alle Tage aufs Neue besehen habe und mich dünkt, ich fand jedesmal immer wieder etwas Neues. Die ganze Anlage ist von des Herzogs eigener Erfindung.* Zu dem, was den Historiker und Reiseschriftsteller so verblüffte, gehörten überlebensgroße Büsten römischer Kaiser, äußerst edel in der Anmutung. *Alle diese Statuen sind aus bloßer Pappe gemacht, aber von der Witterung so gehärtet, als der dauerhafteste Stein.*

Der seit 1756 regierende Herzog Friedrich (1717–1785) hatte den vom Vater angelegten Ziergarten enorm vergrößert und mit Bosketten, verzweigten Wasserläufen, Fontänen und Pavillons verschönert. Er ließ das Idyll mit Büsten und monumentalen Vasen aus Papiermaché schmücken – in keinem anderen Park Europas gab es Derartiges. Skulpturen von Göttern und Helden und alles was sonst noch zur Möblierung einer herrschaftlichen Anlage gehörte, waren gewöhnlich aus Sandstein, besser noch aus Marmor.

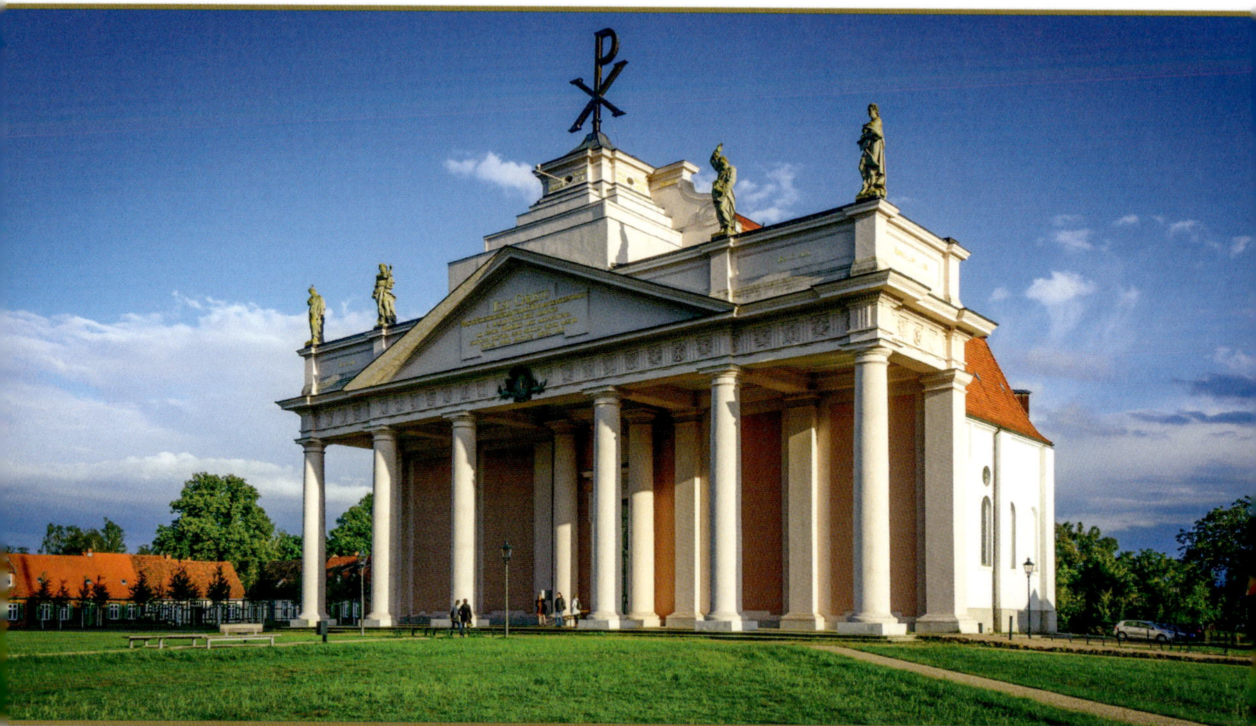

Die frühere Hofkirche zu Ludwigslust, heute Stadtkirche

1776 waren Kirche und Schloss gebaut, großzügige Anlagen entstanden, Herzog und Hofstaat lebten in einer repräsentativ gestalteten Residenz. Journale mit weiter Verbreitung berichteten über die aufsehenerregende *Ludwigsluster Carton-Fabrik*. Im *Journal des Luxus und der Moden* war von Vasen, Büsten und Dekorationen zu lesen, von Figuren, die – nach antiken Vorbildern geformt – drinnen wie draußen aufgestellt werden konnten, und in einer Annonce der Ludwigsluster Manufaktur hieß es: *Auf Verlangen der Liebhaber kann ich auch größere Stücke nach guten Models, und zwar so verfertigen lassen, dass sie die Witterung aushalten und im*

Freien aufgestellt werden können. Die Preise davon sind verschieden aber äußerst billig. Die Werbung verfehlte ihre Wirkung nicht: Interessenten ließen sich Kataloge schicken, Käufer lobten erworbene Arbeiten. 1791 wurden im Ausstellungskatalog zur jährlich stattfindenden Berliner Kunstmesse vier Statuen aus der Ludwigsluster Manufaktur angekündigt. Professor Friedrich Schmitt aus Liegnitz, auch Autor der Berlinischen Monatsschrift, berichtete: *Im Mai hatte ich die jährliche Ausstellung in unserer Kunstakademie aufgesucht, und im Katalog annotiert gefunden, was mich neugierig machen musste. In der Papp-Fabrik zu Ludwigslust nämlich soll es möglich sein, Antiken wie die Venus von Medici oder den Apollino in gleicher Größe und Anschein wie die Originale zu verfertigen, ohne dass der Unterschied ob Marmor oder Papp auszumachen sei. Eine Nymphe aus dem Bad kommend, war auch angezeigt. Zu gern hätte ich mir das ob der kühnen Behauptung angesehen, allein, es blieb bei der Ankündigung, dass solches in Ludwigslust herzustellen und zu liefern möglich sei. Die Werke selbst waren nicht zu sehen, doch hatte ich erfahren, dass sowohl der Herzog zu Mecklenburg, als auch Hoheiten solche schon bezogen hatten* [...] *Ob der kühnen Ankündigung hatte ich mich auf den Weg nach Ludwigslust gemacht, und hätte ich dort, in der Carton-Fabrik, wie sie richtiger Weise heißt, nicht mit eigenen Augen gesehen und in Händen gehalten, wovon die Rede ist, ich würde in unserer, mit edlen Kunstwerken so reich versorgten Zeit, betreten schweigen. Die Manufaktur liegt vor dem herzoglichen Schloss in einem flachen Gebäude, in dem auch Dienerschaft untergebracht ist. Von den etlichen Räumen habe ich nur das vordere, zum Platz gelegene, sehen können. Wie man mit dem Carton arbeitet, welches die Werkzeuge und Zutaten für die Ausführung in Carton sind, wollte man mir nicht sagen, auch nicht, wie viel Arbeiter dort tätig sind. Der Verdruss darüber wich schnell. Der Faunus mit Flöte und die Venus hatten es mir besonders angetan, denn diese beiden waren fertig und zur Abholung bereit. Der Faunus ist wie in Marmor gefasst, was durch La-*

suren auf dem Carton zu erreichen ist, der zuvor noch einen dünn geschliffenen Überzug aus Gips erhalten hatte, soviel konnte ich erfahren. Die Venus war in Terrakotta gefasst, und sah auch so aus. Die Kunstfertigkeit mit dem Carton ist anderen Orts nicht zu finden, und ich weiß nicht, ob man sich der Kuriosität in Ludwigslust bewusst ist. Gleichwohl: den Faunus und die Venus haben die Griechen uns hinterlassen, aber wie lange mag es jene aus Carton geben?
1794 besuchte ein Kritiker der in Berlin erscheinenden und viel gelesenen *Neuen Bibliothek der schönen Wissenschaften und freien Künste* Ludwigslust. Das herzogliche Schloss mit seinem *Sammelsurium von falschestem Geschmack und unnützem Zierrat*, fiel bei ihm durch. Anders die erfolgreiche Manufaktur: *Das merkwürdigste in Ludwigslust ist, meiner Einsicht nach, die Carton-Fabrik. Es ist bekannt, dass man darin Vasen, Büsten, ganze Statuen, Uhrengehäuse, Wandleuchter und Reliefs verfertigt. Der Geschmack dieser Werke ist freilich so verschieden, als verschieden die Modelle sind, wonach sie geformt werden.* [...] *Es ist zu verwundern, wie sich dieser Papp vermöge eines Firnisses, in freier Luft hält, ohne merkliche Beschädigungen zu zeigen.*
Der *Ludwigsluster Carton* wurde durch Kommissionshändler in Berlin, Hamburg, Leipzig und Riga weit über die Grenzen Deutschlands hinaus bekannt und vertrieben. Eine Statue aus *Ludwigsluster Carton* zu besitzen, war etwas Originelles: Repräsentativ, leicht von Gewicht, günstig zu erwerben und im Aussehen wie ein Original. Der seit 1785 regierende Herzog Friedrich Franz ließ es sich nicht nehmen, den Gästen im Schloss seine Antiken zu präsentieren, *unter denen*, notierte Prinz Günther von Schwarzburg in seinem Reisetagebuch, *vorzüglich eine Galerie merkwürdig war, welche viele schöne Statuen und Büsten sowohl von Pariser Arbeit, als von der hiesigen Carton-Fabrik enthält.*
Sammler, Schaulustige und Kunstkritiker besuchten Ludwigslust, auch Stefan Schütze. Der beschrieb in seiner *Humoristischen Reise durch Mecklenburg, Holstein, Dänemark etc.* 1812 seine Spazier-

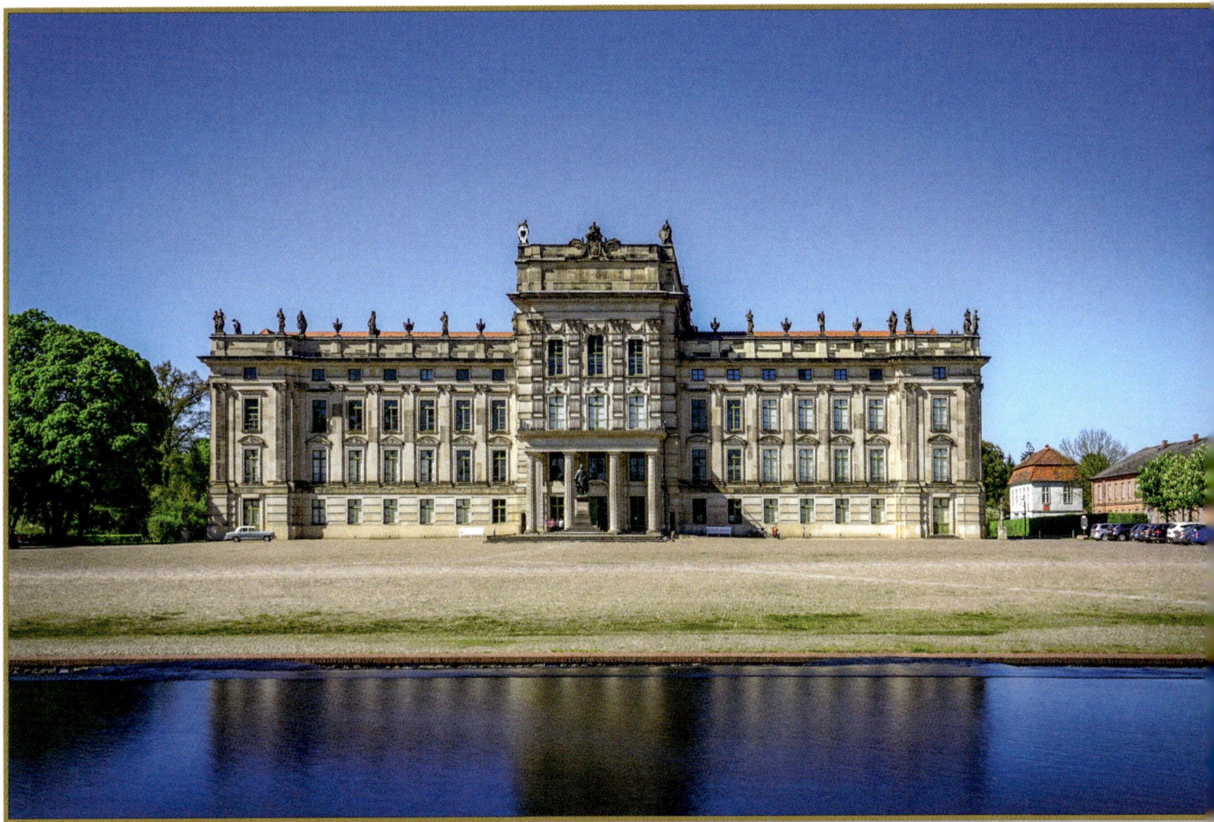

Schloss Ludwigslust

gänge durch Stadt und Park. Sein besonderes Augenmerk galt dem Papiermaché, das er zuerst in der Hofkirche – jetzt Stadtkirche – wahrnahm: *Die silbernen trefflich gearbeiteten Altarleuchter sind nicht von Silber, sondern aus der berühmten Pappfabrik in Ludwigslust mit Silber überzogen, schön wie die schönste plattierte Arbeit, der massiven täuschend ähnlich. Da Kirchendiebstähle in unsern gewissenlosen und aufgeklärten Zeiten immer häufiger werden, [...] so wäre in der Tat geraten, das schwere Kirchengerät in mehreren Orten zu Gelde zu machen [...] und statt jener schwereren leichtere und wohlfeilere Silbersachen aus der Ludwigsluster Pappfabrik anzuschaffen.*

Über seinen Rundgang im Park ist zu lesen: *Kleine, mit Büsten aus der Orts-Pappfabrik, die, weiß überfirnisst, jeder Witterung Trotz bieten, und mit Ruhesitzen gezierte Terrassen ziehen sich an beiden Seiten des Kanals entlang. Eine besondere Abteilung im Gehölze macht ein Platz, der Kaisersaal genannt, den 16 Büsten auf hohen Postamenten aus der erwähnten Fabrik umreihen, unter denen August, Nero, Scipio Africanus, Antonio und andere Helden der Vorzeit mit ausdrücklichen Gesichtern den Wanderer anstarren. Einige grüne Sommerlauben und Boskets im Garten, ehe man ins Gehölz kommt, sind mit kleinen Büsten berühmter römischer Frauen, Flavien, Julien und dergleichen mehr wie mit kleinen weißen Girlanden von innen herum eingefasst.*

Schütze lachte einem Papp-Chinesen zu, den er auf der Kuppel eines Pavillons sitzen sah. Von diesem Chinesen ist in den Akten des Hofmarschallamtes aus dem März 1808 zu lesen, dass er offensichtlich in so desolatem Zustand war, dass er neu angefertigt werden sollte. Im Jahr 1809, nach der Besetzung Mecklenburgs durch französischen Truppen, die aus dem Schweriner Schloss unter anderem originale Antiken nach Paris verschleppten, ließ Herzog Friedrich Franz die geplünderten Bestände durch Kopien aus der *Ludwigsluster Carton-Fabrik* ersetzen.

1843 berichtete Gustav Hempel in seinem *Geographisch-statistisch-historischen Handbuch des Mecklenburger Landes* von einem Besuch in Ludwigslust. Auch er wollte den Kaisersaal sehen, *so nennt man einen länglich runden Platz von hohen Bäumen umgeben, der mit 16 Büsten römischer Imperatoren besetzt ist. Die Büsten sind von Papiermaché aus der vormaligen, jetzt eingegangenen Kartonfabrik verfertigt, und mit einem sehr dauerhaftem Firniss überzo-*

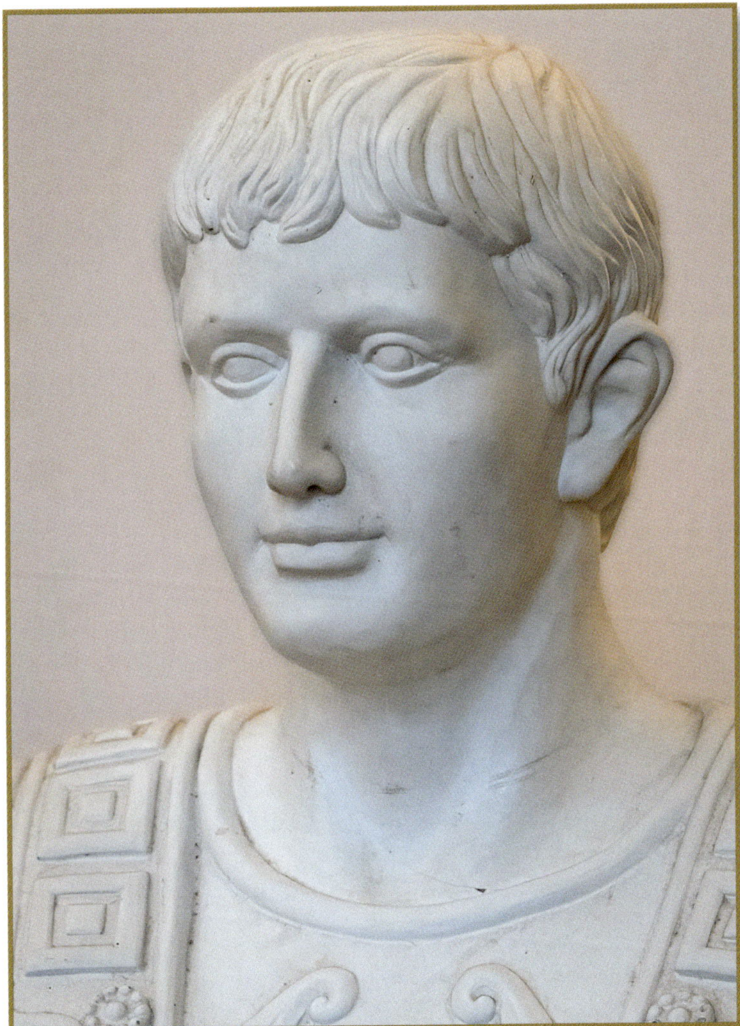

Kaiser Augustus, Gipsabguss als Vorlage für die Ausführung in Papiermaché

gen. Man findet ähnliche Büsten auch hier und da am Kanal aufgestellt. Die Büsten im Park zählten da schon fast achtzig Jahre seit ihrer Aufstellung. Und wie verbreitet Arbeiten aus der *Ludwigsluster Carton-Fabrik* auch in den Adelshäusern der Stadt waren, beschrieb Sophie von Bassewitz anlässlich eines Besuches bei ihren Großeltern 1846: *Ein großer, dämmriger Flur nahm uns auf, und mit Scheu blickten wir auf die lebensgroße schwarze Pappfigur, die unter Blattpflanzen an der Wand stand* [...] *oben ein kleiner Flur mit Büsten und sehr schönen farbigen englischen Stichen.*
Die *Carton-Fabrik* produzierte nach 1820 kaum noch. 1835 wurde sie aufgelöst, die Werkstatt geräumt. Vom Lagerbestand ließ sich wegen des beklagenswerten Zustandes der Ware kaum noch etwas verkaufen. Nach 1850 war die Manufaktur in Vergessenheit geraten, Büsten und Vasen im Schlosspark verschwanden. Im Schloss allerdings wurden die in Papiermaché ausgeführten Porträtbüsten von Verwandten weiter in Ehren gehalten, man sieht sie auf Gemälden sowie alten Fotografien.
Die Antiken-Kopien im Schweriner Schloss fanden dagegen keine Würdigung. Im Schweriner Museum, das man Ende des 19. Jahrhunderts einrichtete, wurden keine Arbeiten aus der *Carton-Fabrik* ausgestellt, sie wurden dort auch nicht gesammelt. Manche Stücke lagen bis in die 1960er-Jahre auf dem Dachboden des Schlosses, das zu jener Zeit Pädagogische Hochschule war. Vom Dachboden des Ludwigsluster Schlosses, damals Kreisverwaltung, barg man neun Büsten aus der Manufaktur. Zwei Figuren – die Venus von Medici und die Nymphe aus dem Bad – überließ ein Sammler aus der Gegend nach dem Zweiten Weltkrieg dem Museum. Zusammen mit einigen Tierdarstellungen als Tafelschmuck ist es der Bestand, der heute weitestgehend im Depot des Staatlichen Museums Schwerin Zeugnis ablegt von einer kulturgeschichtlichen Einmaligkeit, die von Ludwigslust europaweit ausstrahlte.

III. Der Prinz auf Reisen

Ohne Herzog Friedrich gäbe es Ludwigslust nicht. Er schuf es als sein Idyll, seinen Rückzugsort, der lange geplant war und in relativ kurzer Zeit Wirklichkeit wurde. Bereits als jungen Mann interessierten Friedrich außer die schönen Künste und Architektur alles Mechanische. Er konstruierte Maschinen und experimentierte, suchte hinter die Dinge zu kommen. Als gewandt, höflich und zurückhaltend wird er beschrieben, als guter Reiter und Jäger, der auch Flöte und Cembalo spielte. Das Militärische war ihm zuwider. Der schon zitierte Thomas Nugent lernte bei seinem Besuch in Ludwigslust 1765 Friedrich und dessen Gemahlin Louise Friederike kennen und hinterließ folgende Beschreibung: *Ein Herr von etwas mehr als mittlerer Statur, sehr wohl gebildet, mager und von frischer Gesichtsfarbe. Die Stirn ist offen und frei, die Augen schwarz, das Gesicht länglich und in allen Teilen regelmäßig. Sein Betragen ist ernsthaft und in seiner stets heiteren Mine herrscht der richtige Ausdruck seiner erhabenen Seele* [...] *Er spricht verschiedene Sprachen sehr richtig und leicht und weiß sich über die mehresten Materien genau und mit völliger Deutlichkeit auszudrücken* [...] *Er barbiert sich selbst, kleidet sich auch selbst an. Nie geht er im Schlafrock, sondern das Kleid, was er den Morgen anzieht, trägt er den ganzen Tag* [...] *simple blaue Kleidung mit Gold besetzt* [...] *Louise Friedrike, Herzogin von Mecklenburg-Schwerin, ist lang, von edlem Wuchs, blühender Gesichtsfarbe länglich dem Gesicht mit blauen Augen* [...] *Ihre Freigiebigkeit und Milde ist fast grenzenlos. Die französische Sprache spricht sie mit ungemeiner Fertigkeit, sie tanzt schön* [...] *Jeden Tag, nur Sonntags ausgenommen, reitet sie mit ihren Hofdamen, im Amazonenhabit gekleidet, spazieren, durch diese körperliche Übung erhält sie sich ihre Gesundheit.*

Als Prinz hatte Friedrich ein gutes Verhältnis zu seinen Eltern gepflegt, fast freundschaftlich war es zu seinem Vater, Herzog Christian Ludwig. Prägend für seine Entwicklung waren die Eindrücke, die er während seiner Kavalierstour in den Jahren 1737 bis 1740 aufnahm. Kavalierstouren waren im 16. bis 19. Jahrhundert Höhepunkt und Abschluss der Ausbildung von Adeligen, insbesondere wenn sie künftige Regenten waren, und keinesfalls reine Vergnügungstouren. Die Reisen konnten nach England, Frankreich oder Italien führen und etliche Monate dauern. Prinzen hörten an renommierten Universitäten Vorlesungen in Staatsrecht, Diplomatie und Kriegskunst, sie knüpften Kontakte, besuchten Galerien, Opern und Salons. All das traf auch auf Friedrich zu.

Im Juni 1737 brach der Prinz mit seinem Hofmeister, einem Kammerdiener und zwei Lakaien zur Bildungsreise auf, die 26 Monate währen sollte. Über Zwischenstationen in Hamburg, Amsterdam und Leiden erreichte die Reisegesellschaft zunächst Den Haag, das *aller schönste Dorf von der Welt*, wie der Prinz in sein Reisetagebuch schrieb. Der Reichtum an Gemälden in den Palästen überwältigte ihn. Der Prinz machte seine Aufwartungen und erwarb für seinen Vater Bilder. Was er wegen des schmalen Budgets nicht kaufen konnte, zeichnete er ab.

Im Oktober 1737 langte die Reisegesellschaft in Paris an, nahm im *Hotel d'Anjou* inmitten der Stadt Quartier und begann sofort, den Kosmos der Metropole mit ihren Galerien, Palästen, Parks, Ateliers und Manufakturen zu erkunden. Eigentliches Ziel war die Universität in Angers, wo der Prinz sieben Monate studierte, neben Staatsrecht und Diplomatie auch die französische Sprache. Geselligkeit kam nicht kurz. In seinen Notizen lesen wir von Ausritten, Bällen und gemeinsamem Musizieren: *Aufn Clavir gespielt, die Mademoisel Tipinier hat dabei gesungen.* Im Mai 1738 war er wieder in Paris, wo für ihn nun der entspanntere Teil seiner Reise begann. Er besuchte auch in der Hauptstadt Vorlesungen, aber mehr noch Sehenswürdigkeiten. Hofmaler Jean-Baptiste Oudry öffnete ihm viele Türen zu Ateliers von Malern und Bildhauern, und Friedrich zeichnete, kaufte Bücher, Noten und Kupferstiche mit Ansichten von Paris. Abends war er Gast in den berühmten Salons oder besuchte das Schauspiel oder die Oper, hörte Werke von Campra, Lully und Rameau. Und immer wieder musizierte er mit anderen: *Nach Mittag beim Fürsten von Lichtenstein alwo ein Concert gehalten wurde, zu letzt spielte ich das Clavsin, und die beiden jungen Grafen Pactas die Violon.* Das Musizieren und Der-Musik-Lauschen blieben wichtig in seinem Leben und sollten später Ausdruck in seinen Bauten finden.

Friedrich fuhr natürlich auch nach Versailles, erkundete den riesigen Park mit seinen Wasserspielen und Fontänen und bewunderte die vielen in den Gartensälen aufgestellten Statuen, Büsten und Vasen aus Marmor. Nichts an der beispiellosen Pracht war zufällig, sondern ordnete sich einer Idee von Macht unter, die einst Ludwig XIV. und nun Ludwig XV. symbolisierte. Friedrich zeichnete und skizzierte auch hier, und spätestens zu jener Zeit muss er den Entschluss gefasst haben, eines Tages selbst zu bauen. Während sein Vater die Malerei bevorzugte, war der Prinz nachhaltig von dem begeistert, was Bildhauer an Kunstwerken schaffen konnten. Nicht nur die hochgeschätzten Antiken wurden in französischen Ateliers kopiert, mindestens ebenso viele zeitgenössische Werke waren zu sehen.

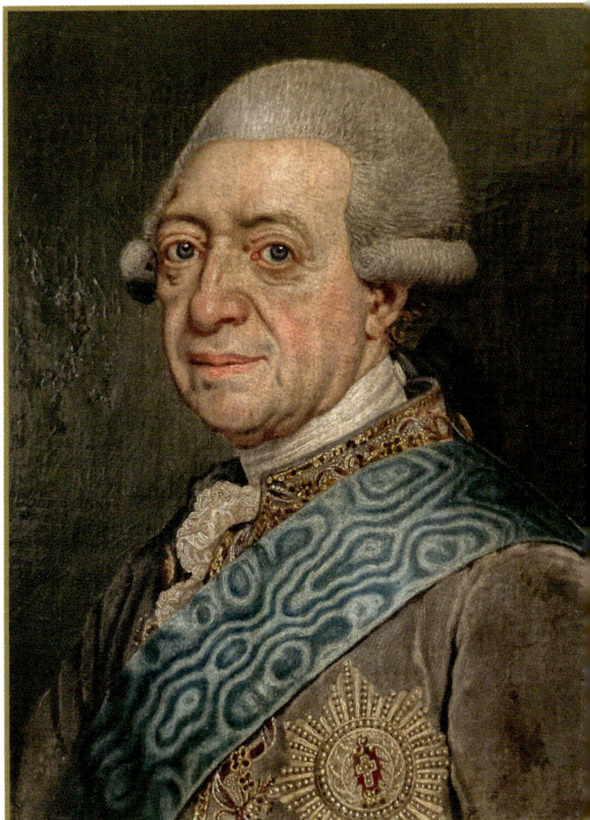

Herzog Friedrich zu Mecklenburg.
Gemälde von Christoph Friedrich Lisiewsky, 1780

Eingedenk der vielen Eindrücke deutete Friedrich in seinem Reisetagebuch oft nur das Wichtigste von dem an, was er sah. Da lässt aufhorchen, was er seinem Vater im Juni 1738 nach einem Atelierbesuch bei einem Bildhauer berichtete, der Theaterdekorationen und Figuren für kirchliche Prozessionen herstellte. Er habe *gantze Statuen lebens große von Papp so schön wie Marmor oder Brons, auch Ornamente, welche alles in den hiesigen schönsten Kirchen häufig gebraucht wird*, gesehen.

Im Dezember 1738 wurde Friedrich in Versailles König Ludwig XV. und seiner Familie vorgestellt, wenig später war er dort zu einem großen Ball geladen. Öfter besuchte er Konzerte in der Schlosskirche, deren Akustik ihn begeistert haben muss, denn jene Kirche, die er später als Herzog in Ludwigslust errichten lassen sollte, scheint die verkleinerte und etwas vereinfachte Variante der Schlosskirche zu Versailles zu sein.

Ende Juni 1739 reiste der Prinz mit seiner Entourage über Calais nach London, einen Monat später begann die Rückreise über Brüssel, Köln, Erfurt und Dresden. Über seinen Aufenthalt an der Elbe schrieb er: *ein herrlicher Ort, und einer, der wegen Bau, Malerei und Skulpturen zu sehen reisen will, braucht nirgends anders, dann nur hierher zu kommen. Schönere Statuen habe ich nirgends gefunden, die schönsten antiquen Statuen.* Dresden besaß eine Sammlung originaler Altertümer und noch mehr Abgüsse.

Im September 1739 war der nun zweiundzwanzigjährige Prinz zurück in Schwerin. Sieben Jahre später heiratete er Louise Friederike von Württemberg, die über ihre Ehe schrieb, dass sie freundschaftlich und in glücklicher Eintracht verlaufe.

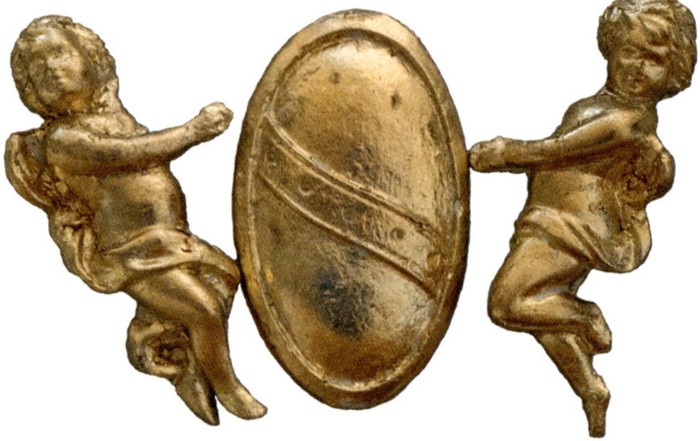

Putten mit Wappenschild, Papiermaché, Ludwigslust 1780, Palais Bülow

IV. Papiermaché *à la Vernis Martin* – der neueste Schrei in der Welt des Luxus oder Wie der *Carton* nach Ludwigslust kam

Im Sommer 1750 zog es Prinz Friedrich erneut in die französische Hauptstadt, diesmal in Begleitung seiner Frau und seiner Schwester. Alle drei reisten sie als Graf und Gräfinnen von Grabow. Friedrich führte seine Begleiterinnen durch die Metropole, und was sich in den zwölf Jahren seit seinem ersten Aufenthalt hier getan hatte, ließ den Prinzen nicht aus dem Staunen herauskommen. Der wirtschaftliche Aufschwung zog Menschen aus allen Provinzen und darüber hinaus an. Händler, Kaufleute, Bankiers, Künstler, Tagelöhner, Glücksritter strömten in eine Stadt mit chronischer Wohnungsnot. Elendsviertel waren entstanden und neue Paläste mit zauberhaften Gärten.

Die täglichen Ausflüge der drei Reisenden galten nicht nur dem Besuch von Opern und Konzerten. Sie saßen auch in Cafés, lasen seriöse Tageszeitungen und solche, deren Auflage umso höher ausfiel, je deftiger die darin vermeldeten Skandale waren. Sie besuchten Märkte, wo sie das Alltagsleben beobachteten. Der Markgraf von Bayreuth – damals ebenfalls in Paris – schrieb in einem Brief: *Paris ist ein einziger Basar, man handelt und feilscht, streitet und betrügt, ob Edelmann oder Magd. Man findet dort alles, was man nicht braucht, also Abgelegtes, zumeist Garderobe der Damen, doch auch jene Dinge, die sie um ihre Schönheit zu pflegen und zu erhalten so gern benutzen. Manchmal ist davon so viel, dass man glauben möchte, Paris würde nur von diesem Geschlecht bevölkert. Edles und wahrer Luxus ist jedoch in den Manufakturen mit ihren Geschäften und in den Galerien zu finden.*

Anfang der 1750er-Jahre waren die Angebote der französischen Luxusgüterindustrie geradezu überbordend. Madame Pompadour, Maitresse Ludwigs XV., kreierte selbst Mode und regte unermüdlich zu Neuheiten an, die immer raffinierter ausfielen. Auch Friedrichs Frau Louise verfiel dem Kaufrausch, konnte Stoffen, Kleidern, Schmuck, Parfümen, Accessoires, Mobiliar und Porzellanen nicht widerstehen. Friedrichs Schwester tat es ihr gleich, und der Erbprinz entschuldigte sich dafür in einem Brief an seinen Vater: *Man sieht hier so gar viel schöne Sachen an Tischen, Büros, Schränken, Uhren et. dass man nicht des abends mehr behalten kann was man des Tages gesehen. Es sind auch treffliche Aufsätze auf Kamins zu haben von allerlei Porzellan mit von Kupfer und vergoldetem Zierraten unvergleichlich schöne, aber auch ausnehmend teuer, so dass ein Gefäß wohl 200 Rhl. kostet* [...] *es gibt auch andere Aufsätze auf Kamine von weniger Preise, mit Figuren von Dresdner Porzellan mit Ornaments artig eingefasst, auch mit chinesischer lackier Arbeit et.*

So unscheinbar der letzte Teil des letzten Satzes daherkommt, so wichtig ist er, um zu erhellen, wie die Kunst des Papiermachés nach Ludwigslust kam, denn hinter *chinesischer lackier Arbeit* verbirgt sich der letzte Schrei der französischen Luxusgüterindustrie, der außerhalb von Paris schnell kopiert wurde, aber nirgendwo in Europa die Qualität auch nur annähernd erreichte. Es handelt sich um die Arbeiten der Gebrüder Guillaume, Etienne-Simon, Robert und Julien Martin, die in den 1730er-Jahren ein Verfahren entwickelt hatten, um auf verschiedenen Materialien feinste Lackmalereien mit Chinoiserien auszuführen. Unter dem Namen *Vernis Martin* gingen sie in die Kunstgeschichte ein. Zunächst waren es kleine Gegenstände wie Dosen, Etuis und Schatullen, die so verziert wurden.

Den Durchbruch für diese dem Adel so wichtigen Gebrauchsgegenstände in Papiermaché brachte sprichwörtlich die Last des Reichtums. Um 1730 war Paris das Zentrum der Herstellung feinster Etuis, Tabatieren, Bonbonnieren und Schmuckschatullen. Mit Gold, Silber und Edelsteinen wurde der größte denkbare Luxus betrieben, was dazu führte, dass diese Dinge immer schwerer und im Wortsinn unhandlich wurden. Um 1740 suchten die Martins, ihres Zeichens Vernisseure (Lackierer) mit königlichem Privileg, nach alternativen Materialien. Die Anfänge der Martins, Papiermaché zu etablieren, beschrieb der Mathematiker und Astronom Jérôme La Lande in seinem Buch *Art du Cartonnier* so: *Monsieur Martin der Ältere, ein fähiger Vernisseur, war um 1740 der erste, der sich hier Verdienste erwarb, da er einen Weg fand, Tabatieren in einer völlig anderen Weise herzustellen. Der Zufall brachte diesen berühmten Künstler jenem Bereich näher, in dem er sich vor den übrigen auszeichnen sollte. Monsieur Lefrevre, ein großer Liebhaber der Lackkunst und Nachbar von Martin* [...] *führte verschiedene Experimente durch.* Dies elektrisierte Martin. Er wollte es genau wissen und sah seine Chance. *Dank seiner Neugier erfuhr er einiges über diese Tätigkeit, er führte sich sie selber praktisch durch, verbesserte sie und errichtete Niederlassungen.*

Um 1745 begann der Siegeszug des neuen Materials. Le Lande beschrieb auch das Herstellungsverfahren: Alte Papiere wurden in Streifen geschnitten, mit Leimen versetzt und in Formen gepresst. Nach dem Austrocknen wurde die Oberfläche geschliffen, grundiert und anschließend veredelt. 1749 ließ sich der französische Thronfolger in Versailles ein Kabinett mit Vernis-Martin-Malerei auf Papiermaché auskleiden (zwanzig Jahre später ließ Herzog Friedrich seine Hofkirche mit einem riesigen Altargemälde auf Papiermachétafeln ausstatten). Spätestens seit 1750 waren die Arbeiten der Brüder Martin geadelt. Die Nachfrage zog an und in der Folge die Preise. Auch die Produktpalette wuchs: Tafelaufsätze und Vasen mit feuervergoldeten Monturen kamen ins Angebot. Eine Sammlung solcher Prunkgarnituren aus Papiermaché ist im schottischen Scone Palace erhalten geblieben. Ob und wie viel „Graf und Gräfin von Grabow“ im Sommer 1750 vom Martin-Luxus erwarben, ist nicht auszumachen. Doch der mit Friedrich gut bekannte französische Hofmaler Jean Baptiste Oudry, der auch als Kunstagent tätig war, erhielt vom Erbprinzen später Wunschlisten für diese Luxusartikel, die er beschaffen und ins ferne Mecklenburg senden ließ.

Der Sprung zum dekorativen Raumschmuck gelang jenseits des Kanals in England. Im Lexikon *Universal-Director* von 1763 ist dem Pionier des neuen Materials auf der Insel, Peter Babell, ein Eintrag gewidmet, *einem der ersten Verbesserer von Papiermaché-Ornamenten für Decken, Kamine und Bilderrahmen, eine neue Erfindung, von uns aus Frankreich importiert und nun zu großer Perfektion gebracht.* Papiermaché war Zeitgeist, und Erbprinz Friedrich, der allen Neuerungen offen gegenüberstand, war zu einem Zeitpunkt in Paris, als der Papiermaché-Boom seinen ersten Höhepunkt erlebte. Der Zusatz im Brief an seinen Vater, dass er *chinesische lackier Arbeit* gesehen habe, mag belegen, dass hiermit Papiermaché gemeint war.

Im Oktober 1750 kehrte die Reisegesellschaft nach Schwerin zurück und fiel damit gnadenlos in eine völlig andere Realität: Das Schloss war ein mittelalterliches, halb verfallenes und verwinkeltes Gebäude; in der Stadt lebten rund 5.000 Einwohner – zumeist Ackerbürger und Handwerker – in *Häusern wie Ställe.* Von Eleganz, gar Luxus keine Spur!

Dass Friedrich seine Residenz nie in Schwerin haben würde, war von da an ausgemacht, und folglich suchte er einen Ort, den er nach seiner Utopie formen konnte, als ein Idyll ohne Administration und Minister und Verfall einer mittelalterlichen Stadt wie Schwerin. Als 1756 der Vater starb, wurde Friedrich regierender Herzog zu Mecklenburg, und nun sollten seine Vorstellungen Wirklichkeit werden. Dazu stand Johann Joachim Busch als Baumeister bereit, außerdem Bildhauer, Steinmetze, Maurer, Kunstmaler, Vergolder, Ziseleure. Doch statt mit der Umsetzung seiner Pläne beginnen zu können, musste der Herzog zunächst nach Lübeck fliehen, denn der Siebenjährige Krieg, der zwischen Frankreich und England schon 1755 ausgebrochen war, griff auch auf Mecklenburg über. Österreich hatte mit Frankreich, Russland, Schweden und Sachsen ein Bündnis gegen König Friedrich II. von Preußen geschlossen. Der Mecklenburger Herzog schloss sich diesem Bündnis an – nicht uneigennützig, denn er rechnete mit der vernichtenden Niederlage Preußens, wodurch das Königreich des ungeliebten Nachbarn zerschlagen und unter den Siegern aufgeteilt werden würde. Friedrich von Mecklenburg meldete dabei Ansprüche auf die Westprignitz an. Zudem ging er von hohen Entschädigungszahlungen aus, mit denen er sein Idyll weitaus opulenter als geplant zu realisieren hoffte. Allerdings konnte Mecklenburg mit seiner schlecht ausgebildeten Armee von gerade einmal 1.500 Mann dem Bündnis nur wenige Soldaten stellen. Doch es kam anders, als Herzog Friedrich spekuliert hatte: Preußen verlor den langen Waffengang nicht, denn Russland wechselte im Verlauf des Krieges die Seiten, weshalb Preußen seine Kontrahenten Österreich und Frankreich bezwingen konnte. Der Preußenkönig hätte als Sieger sowohl Sachsen als auch Mecklenburg besetzen oder zerschlagen können, doch er tat es nicht, gleichwohl hegte Herzog Friedrich bis zum Lebensende einen innigen Groll gegen den Preußenkönig, diesen *gottlosen Tyrannen*, wie er es immer wieder auch schriftlich bekundete.

Sein Refugium wollte er sich jedoch nicht nehmen lassen. Schon vor Kriegsende ließ er von Schwerin aus einen langen Kanal anlegen, der alle künftigen Wasserspiele im Park von Ludwigslust speisen sollte, und als 1763 der Krieg endete, wurden die Pläne zügig realisiert. Neue Gartenquartiere mit Hecken, Rabatten, Bosketten und Gartensälen wurden hinter dem bescheidenen Jagdhaus seines Vaters angelegt. Dort konnte sich die kleine höfische Gesellschaft bei Unterhaltung, Konzerten und Tänzen amüsieren, denn das Jagdhaus war dafür völlig ungeeignet. Der Herzog bewohnte dort vier Zimmer, die Herzogin ebenfalls – es gab nur zwei kleine Säle. Doch ein Park ohne schmückende Vasen, Büsten und Statuen war wie ein Raum ohne Möblierung. Schnell und in großer Menge waren allerdings weder Büsten und schon gar nicht Statuen aus Marmor oder Sandstein zu beschaffen, zumal es nicht irgendwelche Büsten oder Statuen sein sollten, sondern solche von römischen Kaisern und Gelehrten, wie Friedrich sie einst in Versailles und Dresden gesehen hatte.

Alles in Ludwigslust, so wie es jetzt Form annahm, hatte eine Bedeutung: die Bezüge der Wege, die Orte, wo ein Gartensaal entstand, wie er auszustatten war – nichts war zufällig, es ging um nicht weniger als ein Gesamtkunstwerk. Architektur, Gartengestaltung, Künste, Repräsentation und eigene Vorlieben und Wünsche galt es zu einen. Große Gärten dieser Art sind erhalten in Hannover, Schwetzigen, Potsdam, Rheinsberg oder Pillnitz, in kleinerem Maßstab in Großsedlitz, Neuzelle oder Gotha.

Friedrich selbst ließ sein Credo auf vielen Gemälden festhalten, auf denen er nicht mit Harnisch und Marschallstab zu sehen ist, sondern Architekturbücher und Baupläne in seinen Händen hält, nebst Attributen wie Zirkel und Uhren. Zeitgenossen sagten ihm nach, dass er seinen Frieden beim Zeichnen fände oder wenn er die Mechanik von Uhren zerlege und wieder zusammensetze oder beim Musizieren. Andere sahen den Herzog als reuigen Christen, wieder andere meinten, dass zwischen allem kein Unterschied bestehe.

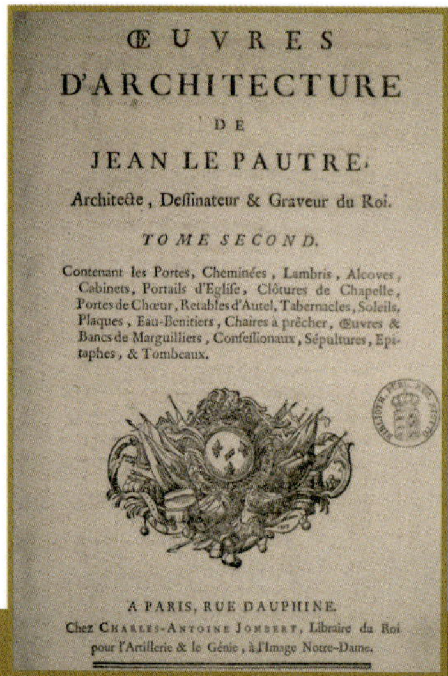

ŒUVRES
D'ARCHITECTURE
DE
JEAN LE PAUTRE,
Architecte, Dessinateur & Graveur du Roi.
TOME SECOND.
Contenant les Portes, Cheminées, Lambris, Alcoves, Cabinets, Portails d'Eglise, Clôtures de Chapelle, Portes de Chœur, Retables d'Autel, Tabernacles, Soleils, Plaques, Eau-Benitiers, Chaires à prêcher, Œuvres & Bancs de Marguilliers, Confessionaux, Sépultures, Epitaphes, & Tombeaux.
A PARIS, RUE DAUPHINE.
Chez Charles-Antoine Jombert, Libraire du Roi pour l'Artillerie & le Génie, à l'Image Notre-Dame.

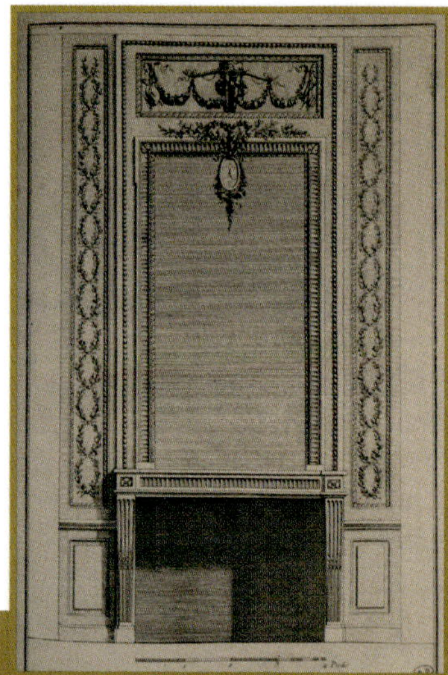

Vorlagenbuch Jean Le Pautres von 1751 mit Entwürfen für Innendekorationen.
Sie waren Anregung für die Ausstattung des Innenräume im Schloss Ludwigslust. Ausführung in Papiermaché, 1775

V. Verschwunden

Der junge Mann aus Ludwigslust studierte in den 1950er-Jahren Grafik und Buchgestaltung. Die Arbeit mit Papier, Stiften und Farbe wurde zum Beruf, er illustrierte viele Kinderbücher und in einigen Illustrationen mag man das anmutige Gesicht der Schönen auf dem barocken Dielenschrank erkennen. Vergessen war sie also nicht. Dass es sich beim Ludwigsluster *Carton* um etwas Besonderes, sogar Einmaliges handelte, hatte er in einem alten Reiseführer gelesen. Bei einem Besuch in der Heimatstadt war er entschlossen, die Schöne nunmehr mitzunehmen. Doch das Gebäude, in dem er sie zuletzt gesehen hatte, war geräumt, die letzten Bewohner verzogen.
In der Republik hatte das große Reinemachen begonnen: Jeder mochte entsorgen, was nicht in die neue Zeit passte. Lastwagen standen in den Straßen, um die hinausgeworfene bürgerliche Vergangenheit abzuholen – Stühle, Leuchter, Biedermeierkommoden, Gemälde wurden so zu Sperrmüll. Der Grafikstudent fragte nach den letzten Bewohnern des Hauses. Sie seien in den Westen gegangen, hörte er, andere sagten, sie lebten in einem Altenheim. So blieb er bei seiner Suche nach der Schönen aus Papiermaché zunächst erfolglos.

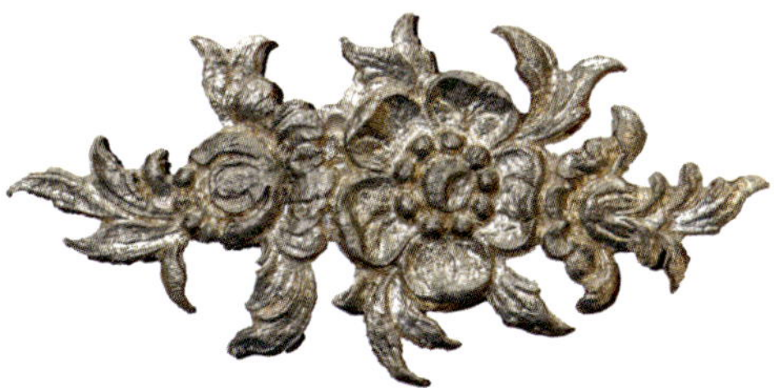

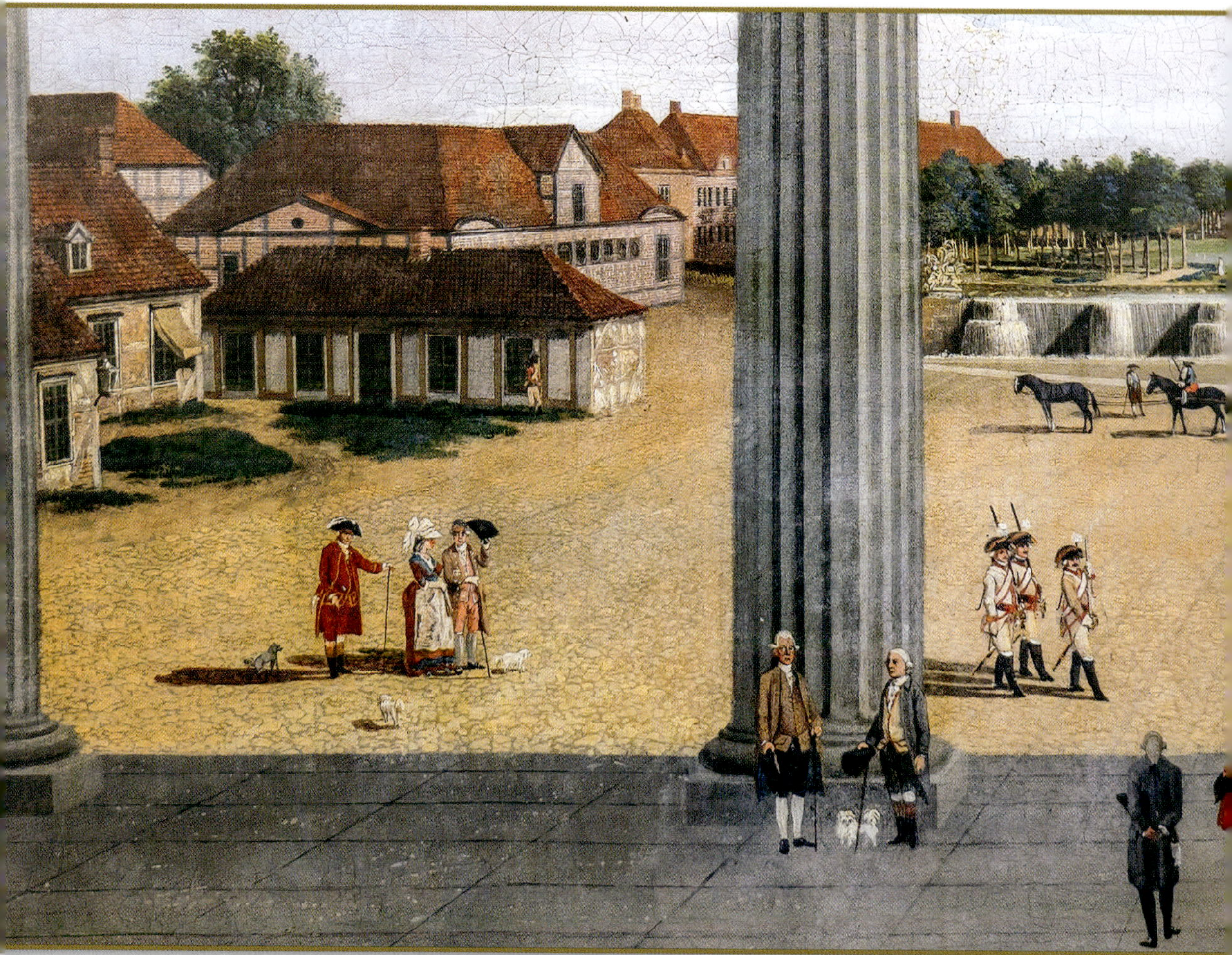

Das erste Quartier der Manufaktur am Schlossplatz. Stich, um 1800

VI. Ludwigsluster Papiermaché

Als Geburtsjahr des Ludwigsluster Papiermaché kann 1763 gelten. Bislang wurden in den Archiven noch keine Quellen gefunden, die klar belegen, wie dessen handwerkliche Herstellung begann. Nach den vorhandenen Indizien wird es wohl so gewesen sein, dass Herzog Friedrich seinen begabten Kunsthandwerkern von dem berichtete, was er 1738 in Paris gesehen hatte, wie die Gebrüder Martin mit Papiermaché und Lackmalerei arbeiteten. Überdies gab es zum Papiermaché Literatur. Die bezog sich zwar auf das Anfertigen von Masken oder kleinen Dekorationen, enthielt aber im Grunde alle Hinweise, um mit dem Material auch in großem Stil arbeiten zu können. In der Aufbruchstimmung nach dem Siebenjährigen Krieg kann man sich – zumindest in Ludwigslust – gut Kunsthandwerker voller Tatendrang vorstellen, denen der Herzog eine Werkstatt im Seitenflügel des Jagdhauses überließ.

Für den Anfang stehen namentlich der Skulpteur Christian Ludwig Sievert sowie Johann Georg Bachmann (1738–1816). Letzterer orderte aus Kassel Gipsabgüsse römischer Kaiser, deren Kopien Herzog Friedrich in seinem Park aufzustellen wünschte – in *Carton*. Die Gipsbüsten wurden abgegossen, und die so entstandenen Negativformen kleidete man mit Lagen aus Papier und Kleister aus. Der entscheidende Schritt war jedoch noch zu machen: Wetterfest mussten sie sein, die Büsten und was sonst an Statuen und Vasen künftig den Park zieren sollte. Die Ergebnisse müssen den Herzog überzeugt haben, denn er gab Geld, damit weitere Gipsbüsten römischer Kaiser gekauft werden konnten. In der Manufaktur arbeiteten bald Bildhauer, Maler, Gipser und deren Gehilfen zunächst an diesen Büsten, jede 70 Zentimeter hoch. Sie wurden lasiert, dass sie so aussahen, als seien sie von Marmor, und erhielten abschließend einem Überzug aus Knochenleim, Alaun und Harz, um sie vor der Witterung zu schützen. Die Kaiserbüsten fanden ihren Platz auf Sandstein-Postamenten *in den Holtz von Ludwigslust*. Der Eindruck muss überwältigend gewesen sein. Der Herzog bestellte umgehend weitere, kleinere Büsten und

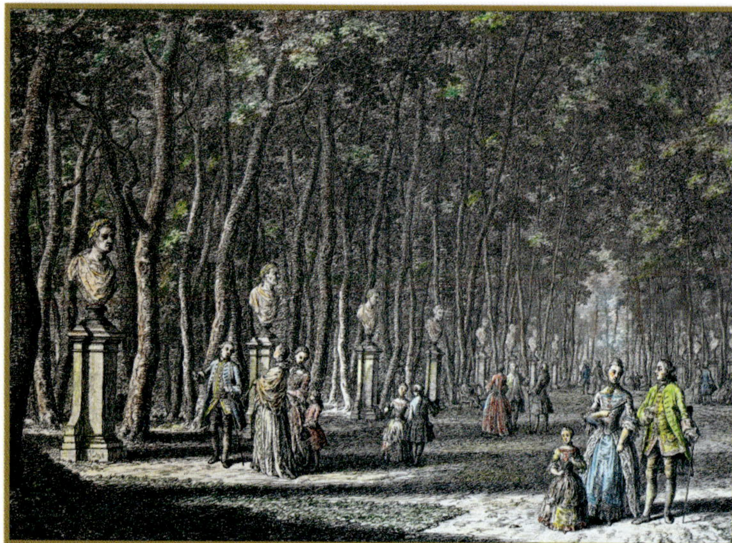

Der Kaisersaal im Schlosspark Ludwigslust.
Stich von Johann Dietrich Findorff, 1767

Vasen, die an Wasserläufen stehen und Boskette zieren sollten. Doch es gab auch Zweifler und bei manchem hielt sich die Bewunderung für den derart schnell und beispiellos günstig möblierten Garten in Grenzen. Was würde von der Pracht nach starkem Regen noch da sein? Regen und Sturm richteten jedoch keinen Schaden an. Allerdings: So, wie exotische Gewächse winters in die Orangerie verbracht wurden, so kamen auch die Büsten und Stauen aus Papiermaché in ein Winterquartier, wo der wetterfeste Überzug alljährlich erneuert wurde.

In dem Maße, wie die Parkerweiterung Form annahm, machte sich das Fehlen einer repräsentativen Schlossanlage bemerkbar, zumal der Hofstaat mit all den Bediensteten anwuchs und Besucher kamen, die standesgemäß untergebracht werden mussten. Es brauchte Gebäude für die Hofküche, die Wäscherei, für Pferde und Wagen, Quartiere für Wachen, Hofhandwerker und für die Musiker der Hofkapelle. Als erstes sollte die Hofkirche errichtet werden. Die Entwürfe dafür erfuhren viele Überarbeitungen, bis die Ausführung 1765 beginnen konnte – 500 Meter in gerader Linie gegenüber dem Jagdhaus gelegen. Im Grunde ließ Musikliebhaber Friedrich eine Konzertkirche für sein exzellentes Orchester errichten. Der erhöhte Altarraum erstreckt sich wie eine Bühne über die gesamte Breite. An beiden Seiten führen geschwungene Treppen hinauf, die mühelos einen Chor aufnehmen können. Vergleicht man den Grundriss der Schlosskirche von Versailles mit dem der Ludwigsluster Hofkirche, wird die Ähnlichkeit deutlich. Die Säulen rechts und links vor den Wänden des Kirchenschiffes sind aus statischen Gründen nicht unbedingt notwendig, sondern dienen vielmehr der architektonischen Gliederung und mindern vor allem das Echo – wie in Versailles. Das Tonnengewölbe unterstützt die Klangverteilung im ganzen Raum und das riesige, auf Papiermachétafeln gemalte Altargemälde, das die gesamte Apsis ausfüllt und als größtes in Europa gilt, ist eine Schallwand, wie man sie aus Konzertsälen kennt. Dass Bachmann und seine Mitarbeiter schnell zu Meisterschaft gelangten, ist bis heute an der Fürstenloge in der Hofkirche zu sehen. Nicht nur die Ornamentik ist aus Papiermaché, sondern auch die Draperien, also alles, was hier wie Stoff aussieht, ebenso Quasten und Troddeln.

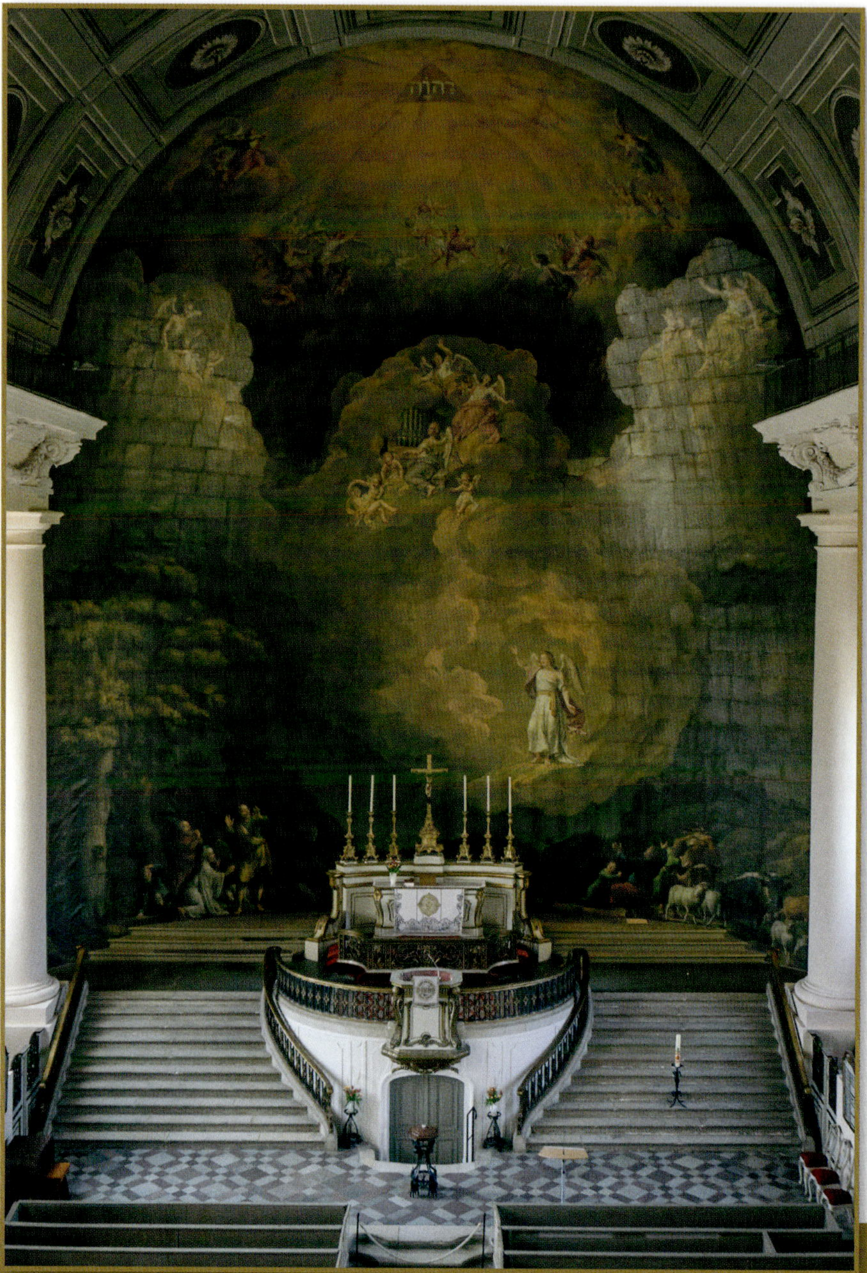

Altarraum der Kirche mit dem großen zweiteiligen Gemälde auf Papiermaché, ebenso die Altarleuchter und das Kreuz, 1768

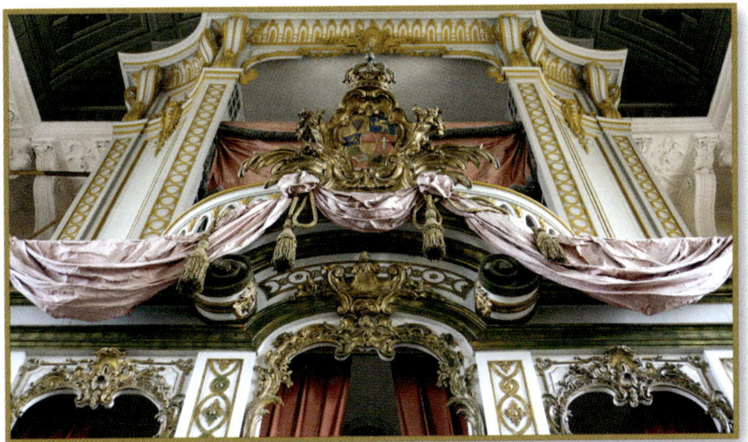

Fürstenloge der früheren Hofkirche Ludwigslust.
Draperien und Schmuck aus Papiermaché, Ludwigslust 1768/69

Selbst die meterhohen Altarleuchter wurden aus Papiermaché gefertigt und sind ebenso erhalten, denn was sie zu sein vorgeben, nämlich massives Gold und Silber, das sind sie nicht, weshalb sie nach Kriegsende 1945 der Plünderung entgingen.
Die Handwerker der Manufaktur hatten alle Hände voll zu tun, um tausend Tafeln aus Papiermaché herzustellen und aneinander zu fügen. Darauf wurde das gut 300 Quadratmeter große, aus zwei Teilen bestehende Altargemälde gemalt. Vielleicht standen dabei Hofmaler Johann Dietrich Findorff die Bauern, Rindviecher und Schafe aus der Gegend Modell. Verschreckt schauen die Hirten hinauf zum Himmel, von wo Erzengel Gabriel ihnen die Geburt des Herrn verkündet. Dank der leichten Konstruktion aus Papiermaché konnte eine Art 3-D-Kino geboten werden – sensationell für die damalige Zeit.
1770 erhielt die Kirche mit einem mehrtägigen Fest ihre Weihe. Fortan erklangen dort neben geistlichen Werken auch Sinfonien und Konzerte. Die eigens von Komponisten der Hofkapelle für die-

sen Raum geschriebenen Werke sind erhalten und werden wieder aufgeführt. Noch heute loben Musiker die ausgewogene Akustik. Nachdem die Hofkirche und erste Kavaliershäuser errichtet waren, plante Herzog Friedrich den Umbau des väterlichen Jagdhauses. Ein repräsentatives Gebäude, in dem die Familie unterkommen und in dem Verwandte und Gäste beherbergt werden konnten, ließ sich durch einen Umbau allerdings nicht schaffen. Nach Vorgaben des als Architekten dilettierenden Herzogs entwarf Hofbaumeister Johann Joachim Busch einen Neubau mit halbkreisförmigen Nebengebäuden, der allen Ansprüchen genügen sollte. 1772 wurde der Grundstein gelegt, nur wenige Meter hinter dem Jagdhaus, das weiterhin das Quartier des Herzogs blieb – er, seine Familie und sein Hofstaat lebten fortan auf einer Großbaustelle. Drei Ziegeleien entstanden im Umland und lieferten das nötige Material. Hölzer für Gerüste, Deckenbalken und Dachstuhl kamen aus den heimischen Wäldern, Sandstein für die Verkleidung der Fassade wurde aus Pirna über die Elbe geschifft und den restlichen Weg herangekarrt. Der Herzog orderte Granit für Treppen und Fensterbänke sowie Glas für Fenster und Spiegel. Maurer, Zimmerleute, Steinmetze, Bildhauer arbeiteten mit ihren Handlangern.
Kritiker stießen sich bald an der *großartigen* Anlage, die sich *in der Weite verliert*, und besonders an den misslungenen Proportionen des Schlosses. Der Mitteltrakt wirkt turmartig, also viel zu hoch, die Seitenflügel zu schmal, zu kurz. Unorganisch und dem Regelwerk widersprechend war der Fassadenschmuck. Geglückt ist hingegen die Innengestaltung, deutlich spürbar die ordnende Hand, die wohl auch auf den Herzog zurückgeht. Detailgetreu hatte er schon während seiner zweiten Frankreichreise 1750 Innendekorationen in gerade fertiggestellten Palästen abgezeichnet, sich somit seine eigenen Vorlagen für künftige Projekte geschaffen. Er war auf der Höhe der Zeit.
Bachmann und seine Mitarbeiter fertigten unterdessen die Ausstattung mit Wand- und Deckenschmuck aus Papiermaché. Der

Zierrat findet sich als Bekrönung auf Spiegeln, Wandpaneelen, Flügeltüren und Türrahmen, als Vasen in Nischen, als Konsolen, als Ornamente auf Möbeln, als Gehäuse von Standuhren und an der Verkleidung von Säulen. Er ist in *Glanz-Gold* gefasst, wie man damals Schlagmetall nannte. Die Holzeinbauten – Paneele, Türen und deren Rahmen – wurden in gedecktem Weiß lackiert und bewirkten mit dem zurückhaltend eingesetzten Raumschmuck aus Papiermaché einen hellen und freundlichen Eindruck, nie aufdringlich.

Kostbare Intarsienparkette und große Spiegel zeugen bis heute vom Luxus, der mit seidenen Wandbespannungen noch gesteigert wurde. In das Kabinett der Herzogin kamen sogar mehrfarbige Chinoiserie-Seidentapeten. Weltweit sind nur noch drei Exemplare erhalten, eines davon befindet sich im Buckingham Palace. Zur standesgemäßen Einrichtung der Wohnräume und Gesellschaftszimmer mit Mobiliar, Gemälden, Porzellanen, Teppichen und Uhren gehörten auch Büsten in Papiermaché, die bereits in der Manufaktur hergestellt worden waren. Herzog Friedrich, wie auch sein Nachfolger, zeigte gern, was seine Kunsthandwerker zu leisten imstande waren.

In Reiseführen, im Internet und selbst in Sachbüchern ist zu lesen, dass Papiermaché, dieses *minderwertige Material*, ein *Kind der finanziellen Not* des Herzogs gewesen sei. Die Entscheidung für Papiermaché entsprang jedoch nicht der Geldnot. Dem Herzog standen für seine Bauvorhaben genügend finanzielle Mittel zur Verfügung, und sämtliche Tagelöhner, Handwerker und Kunsthandwerker – zeitweise waren es über 300 – ließ er pünktlich zum Wochenende auszahlen. Überdies konnte Friedrich, während die Hofkirche errichtet wurde, sogar an Hannover verpfändete Ämter für eineinhalb Millionen Taler auslösen. Und während Ludwigslust mit weiteren Gebäuden für den Hofstaat wuchs, konnten auch von den Vorfahren an Preußen verpfändete Ämter mit der gewaltigen Summe von 172.000 Goldtalern ausgelöst werden.

Da sollte es bei den Baukosten für Kirche, Schloss, Kavaliershäusern und Parkanlage an Geld für Stuckateure und Schnitzer für den Raumschmuck gefehlt haben?
Ludwigslust wurde mit den Erlösen aus dem Verkauf von Eichen und Buchen aus den dichten, fast noch urwaldähnlichen herzoglichen Forsten der Umgebung finanziert. Die Stämme wurden nach dem Siebenjährigen Krieg auf den Werften in Holland, England und Frankreich dringend für den Bau neuer Kriegs- und Handelsschiffe gebraucht und teuer bezahlt.
Für Herzog Friedrich, der von der Modernität und Brauchbarkeit des Papiermachés als Raum- und Gartenschmuck überzeugt war, standen Stuck oder Schnitzwerk für die Ausstattung von Kirche und Schloss gar nicht zur Debatte. Hätte er Stuck gewollt, hätte er in Stuck ausführen lassen, die Handwerker hatte er. Papiermaché jedoch war *en vogue*. Überdies waren damit repräsentative ebenso wie intime Ausstattungen deutlich schneller herzustellen als in Stuck oder Sandstein. Auch aus statischen Gründen schnitt Papiermaché deutlich besser ab. Das Gewölbe der Hofkirche mit seiner großen Spannweite konnte mit metergroßen Rosetten aus *Carton* geschmückt werden. Ebenso üppig vermochte der Deckenschmuck im Goldenen Saal des Schlosses auszufallen. Der Rohstoff kam aus ausrangierten Akten der herzoglichen Ämter und war nur zu reichlich vorhanden. Auch der Stilwandel Ende des 18. Jahrhunderts kam der Verwendung von Papiermaché für dekorative Ausstattungen entgegen: Das Wiederholungen meidende Rokoko kam aus der Mode, an seine Stelle trat der Formenkanon des Klassizismus mit einer überschaubaren Zahl von antikisierenden Ornamenten, wie Mäander, Eipass und Perlstab, Akanthus, Palmetten oder Flechtbändern, die sich unterschiedlich kombinieren ließen. Das bedeutete, dass man diese Ornamente seriell herstellen konnte. Mit Hilfe von Musterbüchern, die Vorlagen für Wand-, Boden- und Deckengestaltungen in allen möglichen Varianten lieferten, wurden Innenraumdekorationen zusammenge-

setzt. In den 1780er-Jahren galt Ludwigslust als repräsentative Privat-Residenz. Dass Kopien von Antiken nicht in Marmor, Bronze oder Blei, sondern in Papiermaché gefertigt wurden, galt nicht als Makel. Was zählte, war die kunsthandwerkliche Qualität.

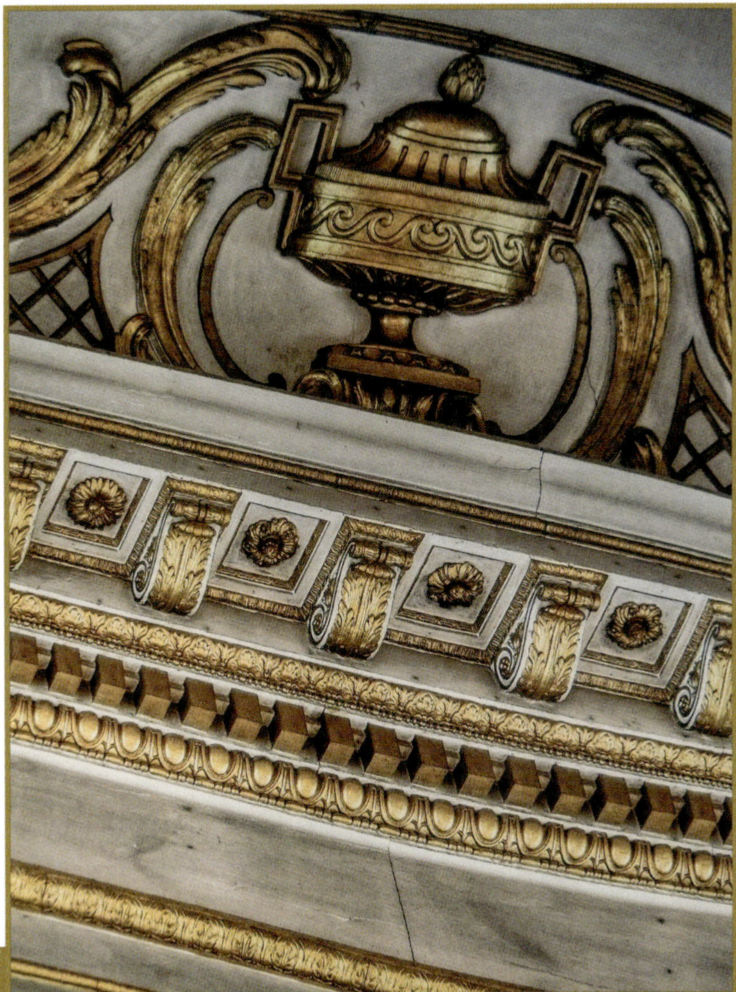

Decke im Goldenen Saal des Schlosses Ludwigslust, 1776

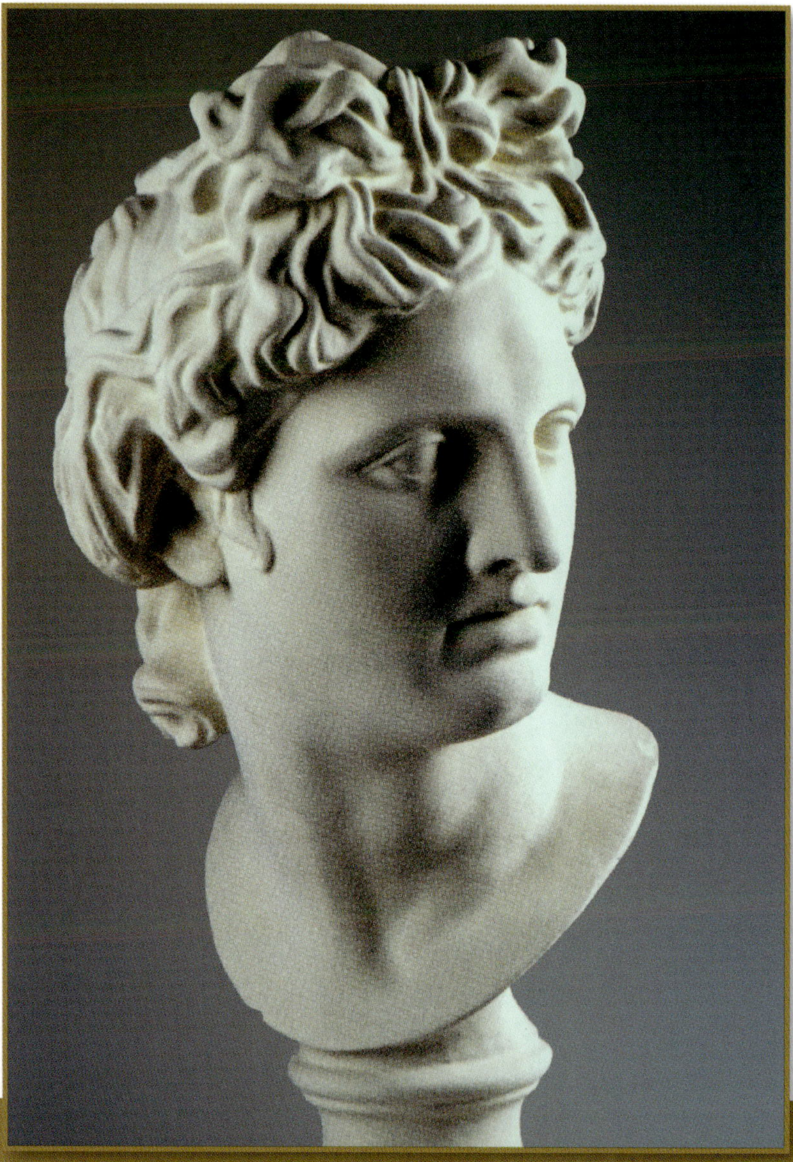

Apoll.
Papiermaché,
Ludwigslust 1795

VII. Eine alte Ansichtskarte

Aus dem Grafikstudenten war ein Grafiker geworden, der in den 1960er-Jahren mit ersten Ausstellungen seiner Arbeiten an die Öffentlichkeit ging. Die Schöne aus Papiermaché war darüber fast in Vergessenheit geraten. Umso größer die Überraschung, als er sie während eines Besuches in Ludwigslust wiedersah: in einem Einkaufsnetz am Garderobenständer der elterlichen Wohnung. Seine Mutter hatte die Skulptur aufgespürt. Er befreite sie und nahm sie mit zu sich, bis er sie nach etwa 40 weiteren Jahren dem Staatlichen Museum Schwerin, das für die Bewahrung des kulturellen Erbes zuständig ist, anbot. Zur großen Verwunderung des Grafikers zeigte man dort jedoch kein Interesse, und so blieb die Schöne weiter Familienmitglied.

2017 sah der Autor dieses Buches in einem Antiquariat eine Ansichtskarte, auf deren Rückseite stand: *Gartenfigur in Ludwigslust, von Kaplunger um 1790.* Die unscharfe, um 1900 entstandene Schwarz-Weiß-Aufnahme zeigte ein sitzendes, an eine Säule gelehntes Mädchen. Eine solche Figur stand jedoch nicht mehr im Schlossgarten, und Recherchen ergaben, dass sie dort auch nie gestanden hatte. Ein Jahr später besuchte der betagte Grafiker Ludwigslust, freute sich bei einer Begegnung mit dem Autor über die Sanierung der Altstadt mit ihren Häusern aus Spätbarock und Klassizismus und klagte über den miserablen Zustand einer Sandsteinfigur vor dem Schloss. Sie stand abseits unter Bäumen, war halb zugewachsen, verwittert und bemoost. Generationen von Kindern waren auf ihr herumgeklettert, durch Vandalismus war sie zum Torso geworden. Keiner schien sich für sie verantwortlich zu fühlen – nicht die Stadt, nicht das Land, nicht die Schlösserverwaltung. Dabei sei sie etwas Besonderes. Ein plötzlicher Regenguss machte dem Gespräch ein Ende. Dass es sich um die *Gartenfigur* von der Ansichtskarte handelte, wusste der Autor zu diesem Zeitpunkt nicht, und der Grafiker wusste nichts von der Ansichtskarte.

VII. Eine alte Ansichtskarte

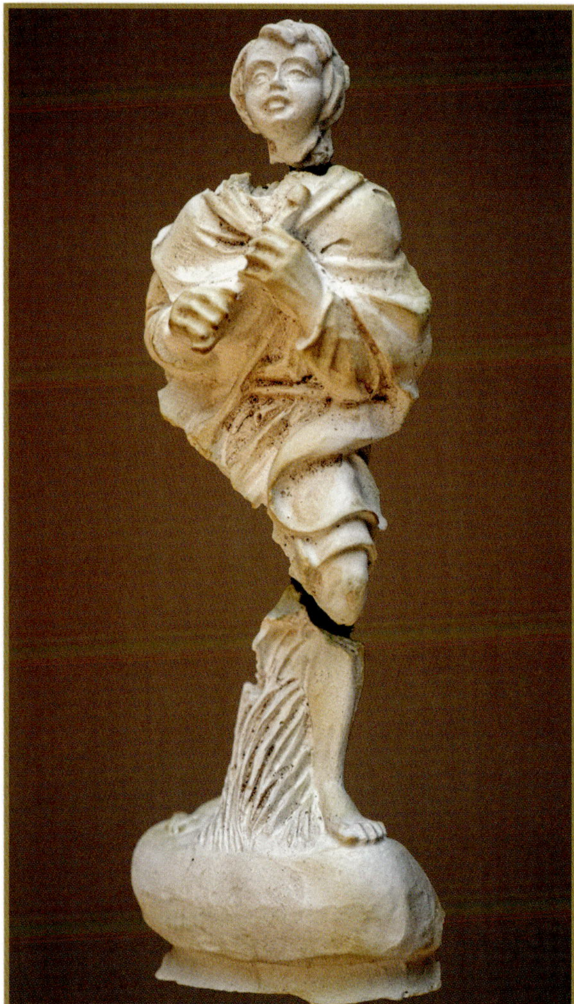

Fragment eines Flötenspielers.
Papiermaché, Ludwigslust um 1790, Palais Bülow

VIII. Von der Manufaktur zur *Ludwigsluster Carton-Fabrik*

Bis zum Tod von Herzog Friedrich 1785 arbeitete die Manufaktur fast ausschließlich für die Ausstattung von Park, Kirche und Schloss sowie für die herzoglichen Familie: *An Serenissimus Frauenbüste für die Luft bearbeitet,* [...] *der Herr Erb-Prinz Friedrich haben auf gnädigsten Befehl aus der Carton-Fabrik erhalten im Februar: 1 Cicero und eine Madonna, im März diverse Vasen, 1 Lucretia und 1 alter Mercurius.* Büsten und Vasen gingen auch als Geschenke für Verwandte an andere Höfe in Deutschland. Erste kleine Verkäufe an Hofadelige sind auch schon 1783 in den Akten vermerkt. Vasen, Konsolen, Uhrengehäuse und Zierleisten orderten beispielsweise Kammerjunker von Bahr, Advokat Kühm und der Hofmeister von Lützow.

Von einer für den Markt arbeitenden Manufaktur konnte da noch nicht gesprochen werden. Das sollte sich nach 1785 ändern, als Friedrich Franz (1756–1837) die Regentschaft antrat. Musisch talentiert, den Wissenschaften und Künsten gegenüber offen, wurde er von Zeitgenossen als gutmütig, aufbrausend, lebenslustig, volkstümlich und reiselustig beschrieben. Die obligatorische Kavalierstour hatte den Erbprinzen 1782 nach Holland, England und Frankreich geführt. Auch er war fasziniert von den Sammlungen antiker Originale im damals schon bestehenden British Museum und im ebenso öffentlich zugänglichen Pariser Louvre. Friedrich Franz liebte teure Pferde und die Sommervergnügen in Doberan und Heiligendamm, wo er das erste Seebad außerhalb Englands errichten ließ. Er war ein leidenschaftlicher Glücksspieler und umgab sich bis ins hohe Alter mit Mätressen, las viel, war neugierig, man sagte ihm jedoch auch Flüchtigkeit nach. In Schwerin ließ er Regierungsgebäude errichten, Ludwigslust wurde mit Bauten für Angehörige des Hofstaates erweitert. Er regierte über fünfzig Jahre, und die schwersten wurden jene von 1806 bis 1813, als Mecklen-

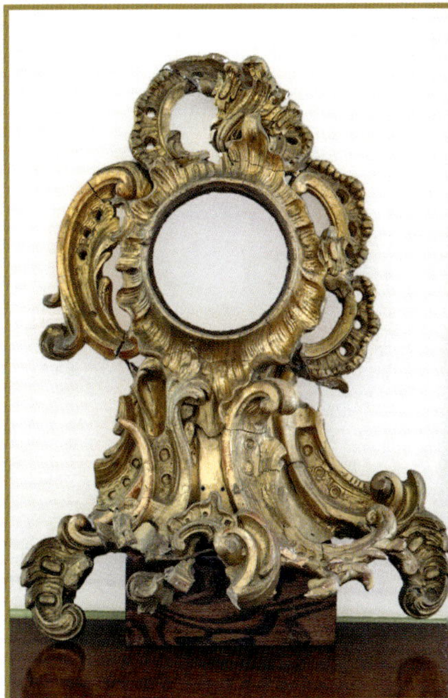

Uhrengehäuse.
Papiermaché, Ludwigslust um 1770, Palais Bülow, 35 Zentimeter

burg immer wieder in die napoleonischen Eroberungskriege hineingezogen wurde. 1806 musste der Herzog auf Befehl Napoleons Mecklenburg sogar verlassen.
Zu Beginn seiner Herrschaft waren die Umstände jedoch hoffnungsvoll. Der neue Regent normalisierte das Verhältnis zwischen Mecklenburg und Preußen, reformierte das Schulwesen, straffte die Verwaltung und genoss mit seinem Hofstaat das übernommene Idyll in Ludwigslust, mit Jagdgesellschaften, Theateraufführungen im Park, Aufführungen der Oratorien von Händel und Haydn in der Hofkirche. Mit der Heirat seines Sohnes bekam Herzog Friedrich Franz die Lieblingstochter von Zar Paul I. zur Schwiegertochter. Helena Pawlowna brachte kaum gekannten Glanz und Esprit nach Ludwigslust.
Doch warum ließ der Herzog die Papiermaché-Manufaktur zur *Carton-Fabrik* ausbauen, die für ihre Kundschaft europaweit arbeitete? In den wohlhabenden Kreisen überall auf dem Kontinent gab es einen regelrechten Nachfrageboom, qualitätvolle Kopien antiker Statuen, Urnen, Vasen, Büsten und Friese betreffend, der kaum zu befriedigen war. Darauf sollte die Ludwigsluster Manufaktur mit einem passenden Sortiment reagieren, denn dass seine Kunsthandwerker dazu in der Lage waren, hatten sie bereits bewiesen.
Was aber löste das große Interesse an den Werken der alten Griechen und Römer aus, das bis heute anhält? Venus, Apoll oder Amor in Betonguss, Gips oder Kunststoff schmücken weltweit Gärten, Foyers, Wartezimmer, Bürogebäude, Balkone und Swimmingpools. Nach immer neuen und spektakulären Funden aus der Glanzzeit des Römischen Reiches war Rom im 18. Jahrhundert zum Reiseziel von Gelehrten, Künstlern, Dichtern und Kunstinteressierten geworden. Attraktionen waren die schier überbordenden Bestände in den Palästen der Kardinäle und des Adels. Die spektakulärsten Funde waren im Vatikan zu sehen: die Venus von Medici, der Apoll von Belvedere und die Laokoon-Gruppe. In zahlreichen Werkstätten fertigten Bildhauer Kopien und Abgüsse dieser Werke an. Mitte

des 18. Jahrhunderts lösten die beeindruckenden Ansichten römischer Ruinenlandschaften in Kupferstichen von Giovanni Battista Piranesi sowie Johann Joachim Winckelmanns Beschreibungen von Altertümern bei Adel und Bürgertum eine Sogwirkung nach der Antike aus. Entdeckungen in Pompeji und Herkulaneum feuerten diese Begeisterung noch an. Goethe schrieb seine *Iphigenie*, Wieland seinen *Agathon*, Johann Heinrich Voss übersetzte die *Ilias* und die *Odyssee*, Gluck und Mozart komponierten Opern zu Stoffen der antiken Mythologie. Rom wurde zum Sehnsuchtsort. Jeder, der modern gebildet sein wollte und dazu in der Lage war, brach gen Süden auf. Goethe machte sich 1786 auf den Weg und blieb dort fast zwei Jahre.

Wer dem Rom-Fieber verfallen war, beließ es nicht beim Betrachten, Bewundern und Zeichnen der antiken Kunstwerke, der wollte Kopien erwerben, besser noch Originale. Raubgräber hatten ebenso Konjunktur wie Kunsthändler und Bildhauer, die in ihren Ateliers Fundstücke restaurierten oder dem Zeitgeschmack entsprechend ergänzten und umarbeiteten. Noch häufiger wurde gefälscht.

Restriktionen zum Schutz der Kunstwerke verhinderten den illegalen Handel nicht. Was an Statuen, Vasen, Altären, Sarkophagen, Friesen und sonstigen Architekturfragmenten außer Landes geschafft werden konnte, fand Aufstellung in den Schlössern und Parks des europäischen Adels. König Gustav III. von Schweden war geradezu besessen davon, während seines Besuches in Rom 1784 so viele Antiken wie nur möglich zu erwerben – und zwar nicht nur Einzelstücke, sondern geschlossene und inhaltlich zusammenhängende Gruppen, wie er sie im Vatikan gesehen hatte. Was Händler an Statuen auftreiben konnten, musste für den König so umgearbeitet werden, dass es den Eindruck von inhaltlicher und handwerklicher Geschlossenheit erweckte. Währenddessen führten als Cicerone getarnte Raubgräber zahlendes Publikum zu den Palastruinen römischer Kaiser, und wer extra zahlte,

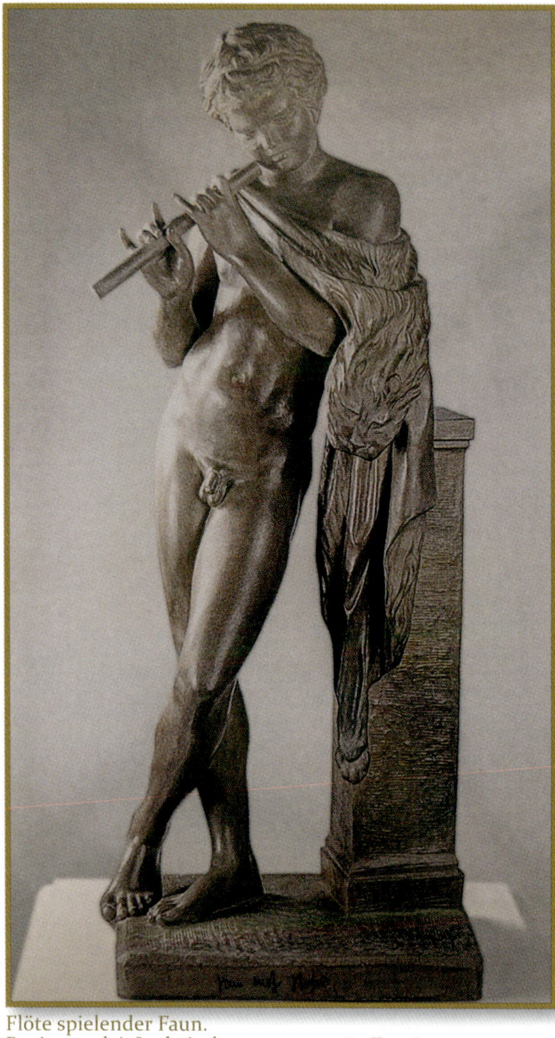

Flöte spielender Faun.
Papiermaché, Ludwigslust um 1790, 160 Zentimeter

konnte selbst graben – die Bildungsreise verkam so zum Event mit Wein und Kurtisane. Was von neuen Funden nicht schnell genug in die Sammlungen des Vatikans gelangte, war für Italien oft verloren. Somit wurde der Vatikan paradoxerweise zum sichersten Ort des heidnischen Erbes. Auch die Sammlungen in den Palästen des römischen Adels standen Interessierten offen. Einige Besitzer ließen Gipsabgüsse zu, die wiederum vervielfältigt und zu hohen Preisen verkauft wurden. Einer dieser Gipsabgüsse gelangte 1788 nach Ludwigslust: Der Flöte spielende Faun, abgenommen von einer Marmorkopie aus dem 2. Jahrhundert nach einem älteren griechischen Original. Noch im selben Jahr erhielt Herzog Friedrich Franz den ersten in Papiermaché ausgeformten Faun. Er war zugleich die erste für den Markt gefertigte Statue der *Carton-Fabrik*, fast einen Meter fünfzig groß, wie das Original. 1789 kamen weitere Gipsabgüsse nach Mecklenburg: die *medicische Venus, über das wahre antique Original zu Florenz geformt, und der vatikanische Apollino, ebenfalls von dem wahren Original, im Vatican zu Rom.* Ihre Papiermaché-Wiedergänger wurden ab 1790 im Angebotsverzeichnis der *Carton-Fabrik* geführt.

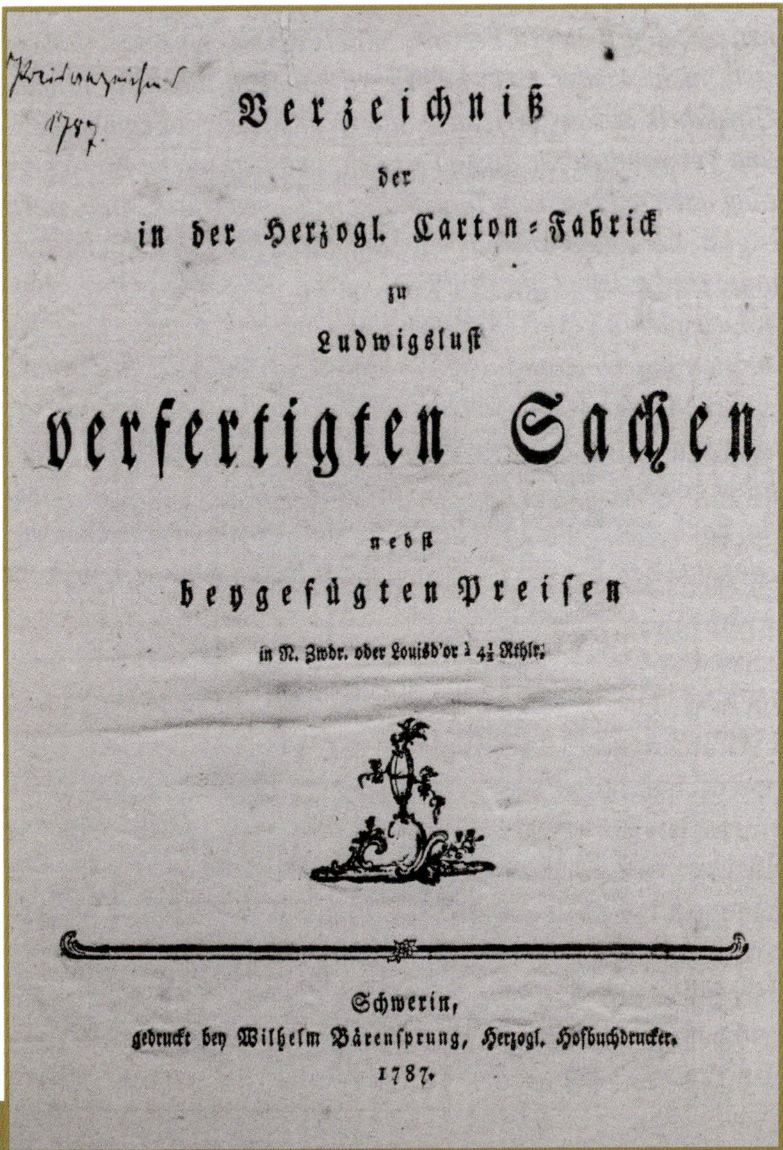

Verzeichniß

der

in der Herzogl. Carton-Fabrick

zu

Ludwigslust

verfertigten Sachen

nebst

beygefügten Preisen

in N. Zwdr. oder Louisd'or à $4\frac{1}{2}$ Rthlr.

Schwerin,

gedruckt bey Wilhelm Bärensprung, Herzogl. Hofbuchdrucker.

1787.

Erstes Angebotsverzeichnis der *Carton-Fabrik* von 1787

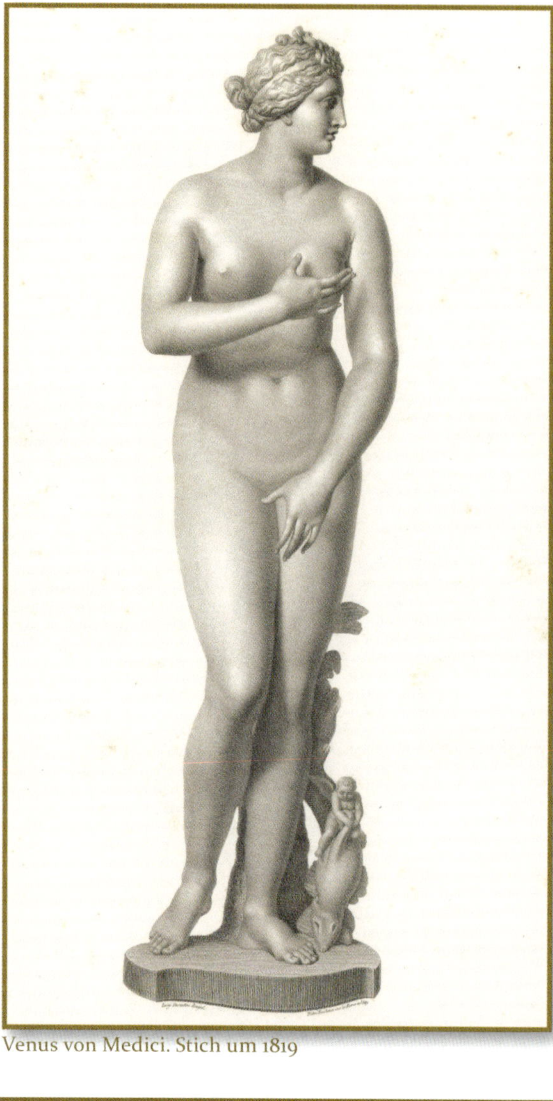

Venus von Medici. Stich um 1819

Vom Faun, der bis 1808 mindestens 36 Mal ausgeformt worden war, sind nachweislich zwei Exemplare erhalten: auf Schloss Heidecksburg in Rudolstadt und im Meermanno-Museum, Den Haag. Gleichfalls zwei Exemplare gibt es noch von der mindestens 40 Mal gefertigten Venus von Medici. Die erste ausgeformte Venus ging an Herzog Friedrich Franz (heute Staatliche Schlösser, Gärten und Kunstsammlungen Mecklenburg-Vorpommern), die andere ist in einer spanischen Privatsammlung erhalten geblieben. Käufer waren neben anderen Erbprinz Friedrich von Mecklenburg, der schwedische Hofmarschall *Baron Otto Magnus von Munck, Madame de Saal*, der preußische Staatsminister Karl August von Hardenberg, *Kammerherr von Lebeduhr, Regierungsrat Krüger, Justizrat Krüger, Freiherr von Wedell*. Der Kommissionshändler *Windhorst & Comp.* in Riga orderte mehr als zehn Exemplare.

Zum Kassenschlager der *Carton-Fabrik* wurde ab 1790 jedoch die aus dem Bad steigende Nymphe – dies war zwar keine Antike, doch die Anregung durch die Venus von Medici ist nicht zu übersehen.

IX. *Nymphe, die aus dem Bade kömt*

Der französische Bildhauer Jean-Antoine Houdon hatte seine *La Frileuse (Die Fröstelnde)* 1783 in Marmor geschaffen: Ein Mädchen, beinahe nackt, die Arme über der Brust verschränkt, den Kopf gesenkt. Ihr einziges Kleidungsstück ist das um Kopf, Schultern, Brüste und vor die Scham geschlungene Tuch. In Paris erregte man sich über die Figur: Laut war die Ablehnung, leise die Zustimmung. Man interpretierte sie in der Spätphase des Rokoko, das vieldeutige Anspielungen so liebte, als Allegorie des Winters und als gefallenes Mädchen. 1787 ließ Houdon eine leicht vereinfachte Fassung in Bronze gießen, ein Gipsabguss davon gelangte nach Ludwigslust.

Bis 1810 wurde die Nymphe mindestens 130 Mal in Papiermaché ausgeformt und verkauft – farbig in Terrakotta, in Sandstein-Optik oder in crème. Käufer waren Herzog Friedrich Franz, sein Sohn, Erbprinzessin Karoline-Louise, die gleich vier Exemplare in Auftrag gab und nach Weimar zu ihrem Vater und Anna Amalia, ihrer Großmutter, sandte. Eine Nymphe bekam auch ihre Freundin Charlotte von Lengefeld, die Frau von Friedrich Schiller. Prinz Günther von Schwarzburg kaufte die Nymphe bei seinem Besuch in Ludwigslust. Der halbe Hofstaat wurde mit ihr versorgt, aber noch mehr die Kommissionshändler in Ham-

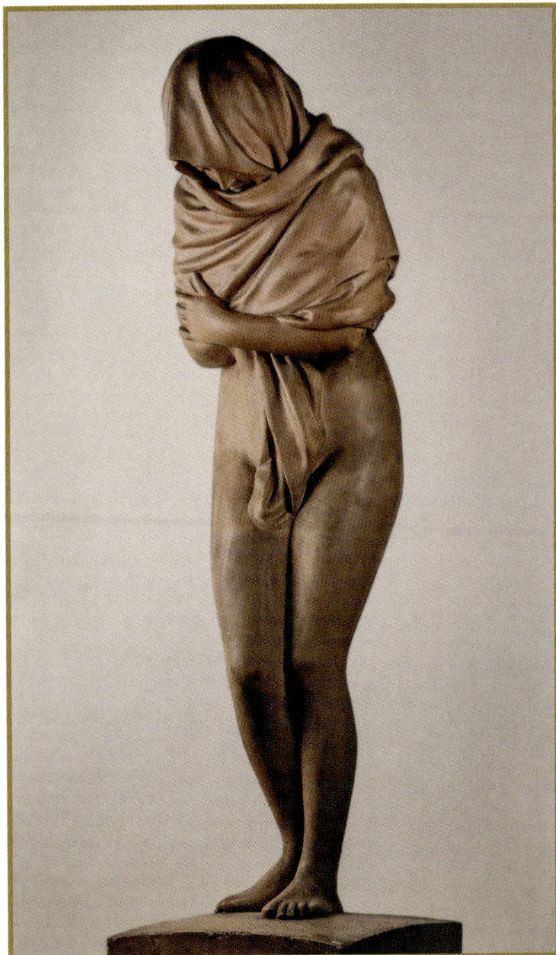

Nymphe. Papiermaché, Ludwigslust um 1800, 155 Zentimeter

burg, Lübeck, Leipzig und Riga, und von dort fand sie zu Kunden in Nordeuropa.

Als Charlotte Friederike, die Tochter des Mecklenburger Herzogs, 1806 den dänischen Thronfolger Christian heiratete, nahm sie eine stattliche Anzahl von Cartonarbeiten in ihre neue Residenz mit. Nach häufigen Umzügen ist davon nichts erhalten geblieben. Von der *Nymphe aus dem Bade* existieren nachweisbar noch acht Stücke, darunter in Schloss Ludwigslust, Schloss Gotha, Schloss Heidecksburg und Schloss Tiefurt sowie im Museum Meermanno, Den Haag.

Warum auch immer: Keine andere Manufaktur hat das Erfolgsmodell „Nymphe" kopiert, einzig die *Carton-Fabrik* bot sie an. Gleichwohl gab es Konkurrenz. So wurden in Weimar nach Antikenvorlagen Kopien in Terrakotta hergestellt. Diese Manufaktur hatte mit dem Herausgeber des *Journals des Luxus und der Moden*, Friedrich Justin Bertuch, nicht nur einen gewichtigen Promoter. Bertuch vertrieb die Arbeiten auch. Die andere bedeutende Manufaktur, die in Deutschland Kopien von Antiken herstellte, befand sich in Lauchhammer. Dort war es dem Grafen Carl von Einsiedel nach mehrjährigen Versuchen 1784 gelungen, eine lebensgroße vollplastische Figur in Eisen zu gießen. Dabei handelte es sich um eine Bacchantin. Gute Umsätze machte die Gießerei mit großen Kratervasen, die in vielen Schlossgärten aufgestellt wurden. Erfolgreich war auch die Doppelplastik der Dioskuren Kastor und Pollux. Bis heute ist dieser Eisenguss in etlichen Parkanlagen zu sehen. Goethe ließ ihn im Vestibül seines Hauses am Frauenplan aufstellen. Vielleicht lieferten die Dioskuren die Anregung für das 1857 geschaffene Doppelstandbild von Goethe und Schiller vor dem Weimarer Theater.

Sammler kombinierten auch Arbeiten aus Terrakotta, Eisenguss und Papiermaché miteinander. Herzogin Anna Amalia von Sachsen-Weimar und Eisenach hatte in ihrer Sammlung in Schloss Tiefurt Büsten aus Terrakotta, Stauen aus Gips und die Nymphe aus

Ludwigluster Papiermaché. Ins Weimarer Stadtschloss kamen mit Skulpturen verzierte Eisenöfen aus Lauchhammer neben Arbeiten in Terrakotta und *Carton*. Ähnlich muss es in Schloss Pawlowsk, der Sommerresidenz von Zar Paul I. gewesen sein: Außer der Ludwigsluster Nymphe gab es dort Büsten aus Weimarer Terrakotta. In größter Zahl erhalten sind Eisengüsse aus Lauchhammer, am wenigsten bedauerlicherweise Arbeiten in Papiermaché. Gut möglich, dass unerkannt noch einiges auf Böden oder in Truhen die Zeit überdauert hat und darauf wartet, wieder entdeckt zu werden. Inspektor Bachmann erweiterte zügig das Sortiment, dabei den Zeitgeist berücksichtigend, und orderte Gipsabgüsse von Büsten populärer Zeitgenossen wie dem Philosophen Johann Caspar Lavater, dem preußischen König Friedrich II., Gotthold Ephraim Lessing und Benjamin Franklin, einem der Gründerväter der Vereinigten Staaten. Selbst die von Napoleon kam hinzu. Die Carton-Büsten wurden in *klein, mittel, groß, ganz groß* angeboten. Jene des Sokrates war besonders begehrt: *Cammerjunker Adolf Franz von der Lühe, Cammerdiener Johann Michael Földner, Hofchirurgus Christian Wittstock, Hofmarschall Conrad von Lützow* sowie *der Drost von Bülow* waren die ersten Käufer. Später avancierte die Büste der beliebten Königin Luise von Preußen zum Verkaufsschlager.

Ausgeführt wurden die vollplastischen Arbeiten in Kaschurtechnik: Papierlagen und Kleister wurden in die einzelnen Formteile für Arme, Beine, Kopf und Rumpf gepresst und getrocknet. Dem Kleister waren unter anderem Gips und Knochenleim beigegeben. Arme, Beine und der Kopf von Statuen wurden mit dem Rumpf verdrahtet und die Ansatzstellen im Hohlkörper durch weitere Papierlagen verstärkt. Die Außenhaut bekam eine härtende Leimgrundierung, die mit einer dünnen Gipsschicht versehen und anschließend glatt geschliffen und auch grundiert wurde. Darauf konnte die vom Käufer gewünschte Farbfassung aufgetragen werden. Marmor, Sandstein, Bronze, Silber, Gold und Terrakotta standen zur Auswahl. Manche Arbeiten wurden von innen gekalkt, um Insektenfraß zu verhindern.

Über die Zusammensetzung der im Detail unbekannten Rezeptur gab es immer wieder Spekulationen. Angeblich wusste nur Inspektor Bachmann darum, nur er beherrschte alle Arbeitsgänge, damit keiner seiner Angestellten das Wissen verkaufen oder sich an anderem Ort selbstständig machen konnte. Mindestens ein Versuch dazu ist mit dem Fall des Skulpteurs Jürgen Wojetka *wegen Verrats der Cartonfabrik Geheimnisse* aktenkundig geworden. Er wollte 1799 in Hamburg mit Partnern sein Glück versuchen. Gefunden hat er es wohl nicht, und was aus dem abtrünnigen Skulpteur geworden ist, verraten uns die Akten nicht. Ohne erhebliches Kapital konnte er mit seinem Wissen nicht viel anfangen, denn der Grundstock für die Arbeit blieben die Gipsformen.

Die eine Rezeptur für die Herstellung von Schmuckteilen, Büsten, Vasen oder lebensgroßen Figuren gab es nicht. Kleinere Arbeiten brauchten nicht die Zusätze, die für große Rosetten oder Konsolen aus Gründen der Stabilität nötig waren. Als Beimischung zum Ludwigsluster Carton sind außer Gips und Leim bekannt: Mehl, Wachs, Schellack, Harz. Den Rechnungsbüchern der Manufaktur sind auch die Bestellungen für Werkzeuge zu entnehmen; Schleifpapier, Feilen, Zangen, Bohrer, Draht, Zwirn, verschiedene Farben. Im Jahr 2022 wurden die Reste eines fein gearbeiteten, runden Rahmens im einstigen Sommerhaus von Herzog Friedrich Franz im Ludwigsluster Park gefunden. Die Arbeit ist komplex aufgebaut und daher sicher in nur sehr kleiner Stückzahl hergestellt worden. Der Rückteil des Rahmens mit einem Durchmesser von 30 Zentimetern besteht aus vier Lagen konisch geschnittener Papierstreifen aus Altakten, die am Außenrand so gewölbt sind, dass sie ein Profil für den vorderen, aufliegenden Rahmenteil ermöglichen. Den vorderen, eigentlichen Schmuckrahmen ziert ein umlaufender, vergoldeter Lorbeerkranz. Dünne Holzstifte verbinden beide Teile, zwischen denen das Bild – vermutlich ein Porträt – gehalten wurde. Für diese Ausführung wurde nur Papier und Leim verwendet. Vielleicht tauchen weitere Reste bei der Restaurierung des Hauses auf.

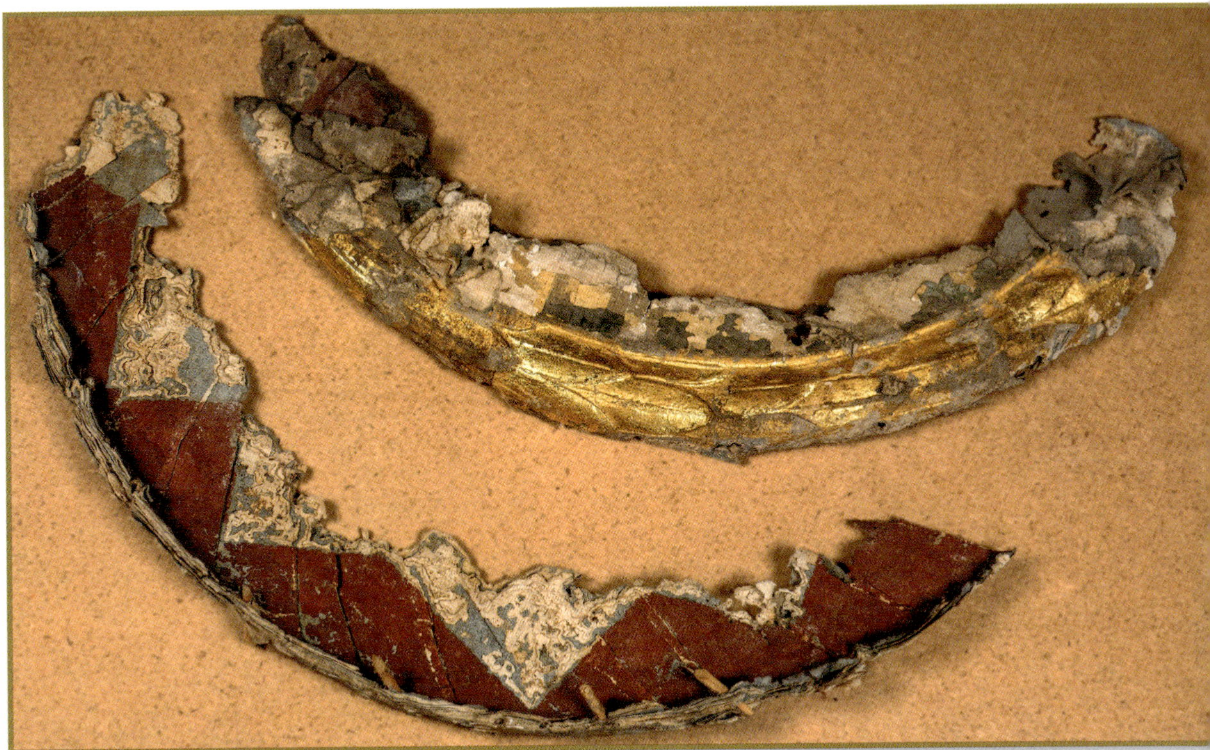

Teile eines Medaillonrahmens. Papiermaché, um 1800, Palais Bülow (Vorder- und Rückseite sind mit Holzstiften zusammengehalten)

Deutlich einfacher ließen sich die Lieblingspferde des Herzogs in Papiermaché formen. Nach Ton- oder Wachsmodellen wurden die Gipsformen angefertigt, eine linke und eine rechte Hälfte der Pferdchen hergestellt und nach dem Trocknen zusammengefügt, mit Gips überzogen, geschliffen und bemalt. Hierbei verwendete man auch Knochenleim. Die Pferde dienten als Schmuck für die Tafel und als kleine Geschenke.

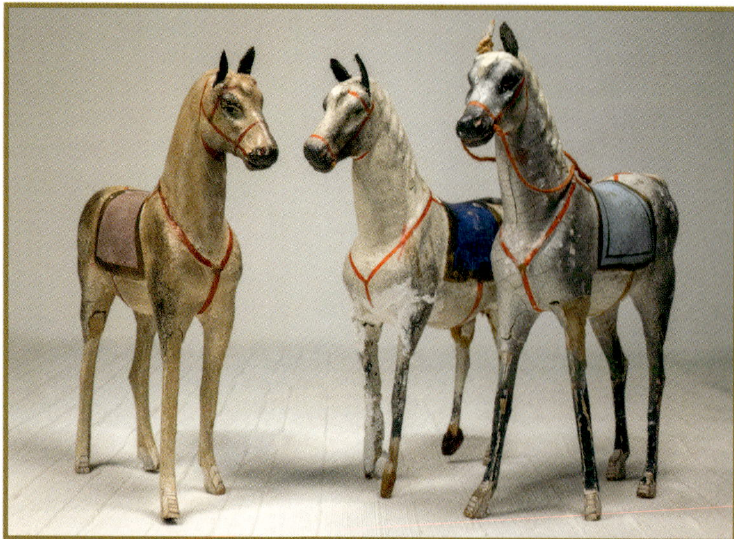

Einige der Lieblingspferde des Herzogs. Papiermaché, um 1800, Palais Bülow

Sonder- und Einzelanfertigungen, die im Auftrag des Herzogs oder auf Bestellung von Mitgliedern der herzoglichen Familie ausgeführt wurden, sind in den Akten nicht eindeutig zu erkennen. So ist es gut möglich, dass Unikate gefertigt wurden, von denen es heute keine Spur mehr gibt.

Neben einem Netz von Händlern, die Kunde von dem gaben, was aus der *Carton-Fabrik* zu beziehen war, lief die Reklame über An-

noncen in Journalen und Magazinen. Auch auf der dreimal jährlich stattfindenden Leipziger Messe wurden die Produkte des Unternehmens beworben. Ab 1791 kamen jährlich zwei bis drei Statuen neu ins Sortiment und bis 1805 waren 23 verschiedene Figuren im Angebot. Von ihnen wurden jedoch jeweils nur wenige Exemplare hergestellt, kaum etwas ist erhalten. Von einem Drittel der in Ludwigslust ausgeformten Figuren sind nicht einmal Stiche bekannt. Etwas anders verhält es sich mit den bereits seit den 1780er-Jahren abgeformten Büsten antiker Gelehrter und mythologischer Figuren. Jene der *Niobe* wurde in zwei verschiedenen Größen über 170 Mal ausgeliefert, die des Dichters Homer über 130 Mal. Einige Exemplare sind in Museen zu finden. Die hergestellten Stückzahlen schwankten erheblich. So erwies sich die Büste des Aristoteles als Ladenhüter, auch die des Merkur. Dem Bacchus erging es nicht besser. Gründe mögen in der Qualität (verwaschene Konturen der Ausformung) und in einer sich verändernden Nachfrage gelegen haben. Sammler suchen stets Neues.
Die Produkte der *Ludwigsluster Carton-Fabrik* waren der gebildeten und kunstinteressierten Schicht überall in Deutschland ein Begriff. *Der Käufer guter und richtiger Kunstwerke dieser Art, er mag nun Kenner oder Nichtkenner sein; er mag sich diese Stücke entweder für das Studium oder zur Zierde für Kabinette, Säle, Bibliotheken etc. anschaffen; wird auch nach einer Reihe von Jahren, auf eben den Wert seiner Sammlung rechnen können*, hieß es in einer zeitgenössischen Werbung. In der *Deutschen Zeitung der Industrie und Spekulation* war 1797 das Folgende über die Ludwigsluster Skulpturen zu lesen: *Es ist wirklich sehr überraschend, wann man kolossalische Statuen vor sich sieht, und sie nicht Zentner schwer, sondern kaum etliche Pfunde wiegend findet, und sehr zu wünschen, dass diese in ihrer Art eigene Fabrik, alle nötige Unterstützung erhielte, und also fortführe, uns Produkte zu liefern, die so sehr geschickt sind, ein Zimmer mit Pracht und Geschmack zu verzieren, und den Kunstfreund auf die edelste Weise zugleich zu beschäftigen.*

Unterdessen litt der Schmuck im Ludwigsluster Schlosspark unter Vernachlässigung, weshalb Herzog Friedrich Franz Anfang 1803 dem Fabrikinspektor die Leviten lesen ließ: *Dem Inspector Bachmann wird hiermit befehligt: diejenigen Kaiser und kleineren Köpfe im Holze, welche im Herbst bei der Einnehmung an der Papp-Arbeit schadhaft befunden und ihm zur Ausbesserung zugesand, werden jedes mal ohne einen weiteren besonderen noch darüber abzuwartenden Befehl, sogleich, also noch vor der Anstreichung, zu reparieren und wieder in fertigen Stand setzen zu lassen.*

Im Herbst 1806 bekam Mecklenburg die Kriegsfolgen nach der verlorenen Schlacht bei Jena und Auerstedt unmittelbar zu spüren; Napoleons Truppen besetzten das Herzogtum, Friedrich Franz wurde des Landes verwiesen und floh nach Altona auf dänisches Hoheitsgebiet. Besetzung und Handelsblockade führten zu wirtschaftlicher Not, der Verkauf von Luxusartikeln stagnierte. Im Jahr darauf konnte der Herzog dank Intervention des Zaren zurückkehren, aber die Kunsthandwerker der *Carton-Fabrik* hatten so gut wie keine Aufträge. Um dem Unternehmen wieder auf die Beine zu helfen, überließ der Herzog seinen Angestellten ein eigenes, geräumiges Gebäude mit speziellem Trockenofen und Lagerräumen. Doch so wie vor dem Krieg sollte das Geschäft nie wieder florieren.

Den Niedergang verzögerte die schon erwähnte Karoline von Sachsen-Weimar-Eisenach (1786–1816), die 1810 den Erbprinzen von Mecklenburg, Friedrich Ludwig, geheiratet hatte. Die Erbprinzessin gab Statuen und Büsten in Auftrag und verschenkte sie an ihre Familie nach Weimar und Tiefurt, wo sie heute noch zu sehen sind. Von ihr gibt es eine Porträtbüste, die mehrfach angefertigt wurde. Eine davon ist im Schloss Weimar erhalten, eine andere in Privatbesitz.

Die *Carton-Fabrik* hätte an alte Erfolge anknüpfen können, allerdings zeigte Hofbaumeister Johann Georg Barca, dem sie nach dem Tod Bachmanns unterstand, kein Interesse. Er überließ die Verantwortung einer untergeordneten Charge, die sich überfordert sah. Eine letzte größere Innenausstattung in Papiermaché wurde 1832 im Ludwigsluster Palais Bülow realisiert. Ob es sich bei den Zierleisten, Friesen und großformatigen Deckenrosetten um Neuanfertigungen oder Lagerbestände handelte, kann nicht belegt werden.

1839 wurde die *Carton-Fabrik* von Galeriedirektor Friedrich Lenthe aufgelöst, der in seinem Abschlussbericht schrieb: *Bei näherer Untersuchung fand ich die Fabrik in der größten Unordnung, und fast gänzlich im Verfall, die Arbeiter dem Trunck ergeben, zänkisch und nachlässig in der Arbeit und auf meine Hinweisung die Sachen besser und kunstgerechter darzustellen, die Copien mit den Originalen zu vergleichen u. d. gl. m. erwiderten sie, davon hätte ihnen noch niemand etwas gesagt, sondern sie wären nur angetrieben die Sachen rasch fertig zu machen, um sie verkaufen zu können* [...] *Die aus dem Fabrik-Gebäude* [...] *transportierten Formen wurden zum weiteren ruin derselben, nach dem Boden des jetzigen Spritzenhauses gebracht, auf Veranlassung des H. B. Mi.* [Hofbaumeisters] *Barca, der die sämtlichen Formen zu den Kaiserbüsten im Holze schon früher hatte eingraben lassen, da sie wohl sehr ruiniert sein mochten.* Die Frage nach dem Verbleib der gipsernen Antiken-Abgüsse und der damit hergestellten Formen führte noch viele Jahre nach Ende der *Carton-Fabrik* zu Suchaufträgen durch das großherzogliche Hofbauamt – sie blieben erfolglos.

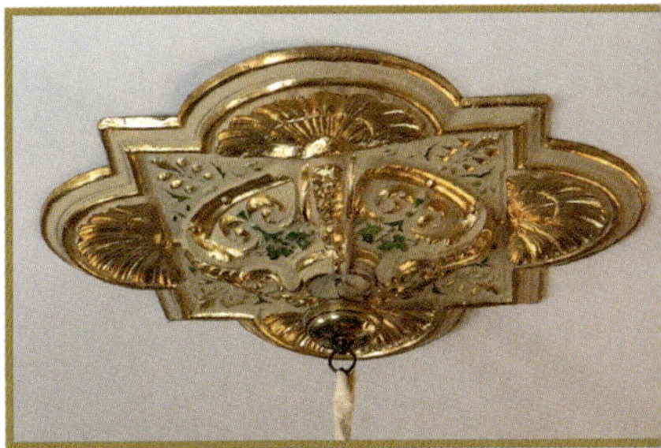

Deckenrosette.
Papiermaché, Ludwigslust
um 1830, Palais Bülow

Spätestens Mitte der 1780er-Jahre hatte Bachmann, der für die Beschaffung der „Gips-Antiken" verantwortlich war, es mit einem Mann zu tun, der zumindest im mitteldeutschen Raum das Monopol besaß. Es war der Leipziger Kaufmann und Händler von *Kunst und Luxuswaren* Carl Christian Rost (1742–1798). Der beschrieb sich als erfahrener Kunstkenner. Anfang der 1770er-Jahre handelte er mit Gemälden und Porzellanen, erkannte mit seinem Gespür für den Zeitgeschmack jedoch bald die Chancen für ein spezialisiertes Unternehmen. 1774 begann Rost durchreisenden italienischen Händlern Gipsabgüsse von Antiken abzukaufen, um sie erneut abzugießen und diese Exemplare als *vom Original abgenommen* zu verkaufen. Er nutzte jede Gelegenheit, um auf Auktionen und in Nachlässen an weitere Exemplare zu gelangen. 1779 gab er seinen ersten Katalog heraus. Der Durchbruch gelang Rost 1781, als er die Erlaubnis erlangte, von 16 originalen Statuen und etlichen Büsten aus der kurfürstlichen Antikensammlung zu Dresden unter Aufsicht Gipsabgüsse nehmen und damit Handel betreiben zu dürfen.

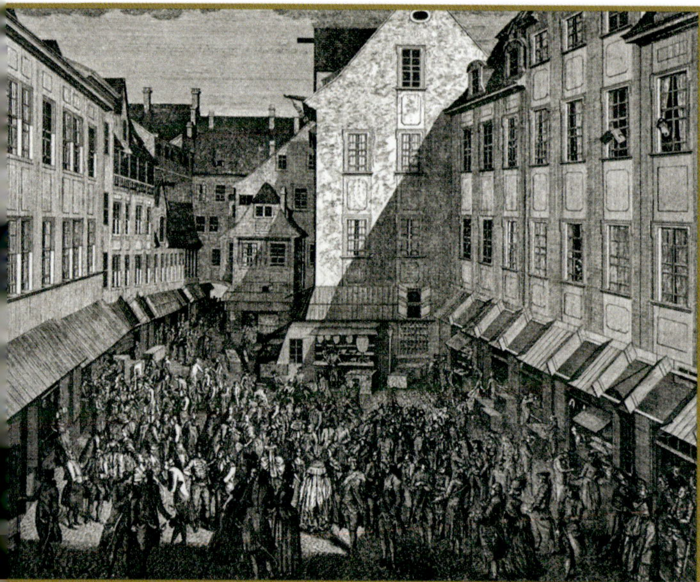

Auerbachs Hof in Leipzig. Stich von Rossmäßler, 1778

Sein Geschäft hatte er in prominenter Lage, in Auerbachs Hof. *Im Innern des Hofes sind 46 Kaufmannsläden* [...] *welche außer einigen Seidenwarenlagern, Galanteriewaren, Bijouterien und überhaupt die ausgefuchsesten Kostbarkeiten enthalten*, heißt es 1779. Und Johann Krünitz schrieb 1791 in der *Oeconomischen Enzyklopädie* über Rost als einen *Kaufmann, welcher mit der vollständigsten praktischen Kenntnis seines Faches auch den besten Geschmack in allen bildenden und anderen schönen Künsten verbindet, und fast mit allen berühmten Künstlern in und außer Deutschland in Verbindung steht* [...]. Rost *verkauft in und außer den Messen folgende Waren nach dem neuesten Geschmack, die er aus Frankreich, England und anderen Plätzen, aus den Fabriken selbst und der ersten Hand commitirt, um die billigsten Preise* [...]

Leipzig war der wichtigste Handelsplatz im Reich. Gehandelt wurde alles: Aus England kamen Tuchwaren und technische Neuerungen wie das *Water-Closet*, aus Frankreich Seiden, Weine, Kaminuhren, aber auch Kondome. Sachsen bot Meissner Porzellan, Nürnberg silbernen Tafelschmuck, Polen und Russland Pelze usf.

Rost richtete am Stadtrand eine *Kunstfabrik* ein, in der zeitweise 15 Arbeiter damit beschäftigt waren, Gipsabgüsse seriell herzustellen. Etliche Exemplare standen zur Ansicht in seinem Geschäft in Auerbachs Hof, um seine Kunden von der Qualität der Abgüsse zu überzeugen. Alle überzeugte er nicht, Preisnachlässe änderten daran nichts.

Von Bachmann, dem Inspektor der *Ludwigsluster Carton-Fabrik*, sind Abrechnungen seiner Reisekosten nach Leipzig erhalten, auch Belege für den Kauf von Büsten und Statuen in Leipzig und deren Lieferung nach Ludwigslust. Die Transportkosten waren enorm. Um sie zu senken, lieferte Rost Statuen auch in zerlegtem Zustand, wobei der Käufer Kopf, Beine und Arme später mit beigegebenem Alabastergips selbst ansetzen konnte. Bachmann kaufte Abgüsse aber auch von einem Lübecker Händler, der seine Exemplare wiederum von Rost bezog und dem Ludwigsluster vermutlich günstigere Konditionen anbot.

Rost belieferte Kommissionshändler ebenso wie Privatkunden, darunter den schon erwähnten experimentierfreudigen Grafen Einsiedel in Lauchhammer. Aber auch Zeichenschulen, in denen akademische Studien betrieben wurden, zählten zu seinen Kunden – Goethe war während seiner Leipziger Studienzeit nicht nur Gast in Auerbachs Keller, sondern auch so ein Zeichenschüler.

Raubkopierer ließ Rost verfolgen. Traten diese gar in Leipzig auf, klagte Rost sofort beim *hochedlen Rat* der Stadt und forderte Bestrafung. 1781 traf es einen Italiener: *Dieser Fremdling hat sich sogar unterstanden, die Büsten des Kurfürsten, und Gellerts, die ich unter der Aufsicht des Herrn Direktors der hiesigen Akademie nach dem Originalen abgeformt,* [...] *abzukopieren, und er soll, wie mir hinterbracht worden ist, bei deren Herumtragen sich noch vorzugeben erfrechen; dass er alle Büsten* [...], *die ich abgeliefert habe, bei mir verfertigt hätte* [...].

Dass Rosts Abgüsse jedoch Abgüsse von Abgüssen waren, ahnte man. Wollten Käufer die Gipse lediglich zur Dekoration auf Bibliotheksschränken oder für die Vorhalle ihres Landhauses, mochte das durchgehen. In der *Ludwigsluster Carton-Fabrik* zeigte sich das Ergebnis einer schlechten Vorlage in der ausgeformten Papiermaché-Variante sofort: die Konturen waren verwaschen und die Exemplare deshalb kaum verkäuflich. Ob Bachmann von Rost mit schlechten Abgüssen übers Ohr gehauen wurde oder ob sie in der *Carton-Fabrik* nur schlecht gepflegt wurden, lässt sich aus einer Klage des Ludwigsluster Skulpteurs Sievert nicht ersehen. Er schrieb 1791 an den Herzog: *Auf mein beständiges Zureden musste der Inspektor antike Abgüsse sich kommen lassen, die mehrsten welche er aber gekauft hat, waren durch ungeschickte Hände ganz verdorben oder doch ganz stumpf, sie müssten zum Teil verbessert oder schärfer nachgearbeitet werden, welches Zeit erfordert, und gleiche Bewandtnis hat es auch mit alle Consols und Vasen. Selbst Dasjenige, was poussieret wird, muss mit etlichen Mühen so gemacht werden, das es durch öfteres Abformen nicht ganz unbrauchbar wird; denn manches Stück muss zum öfteren geformt werden, und jedes mal muss ich es doch wieder ausbessern.*

In einer guten Form mit scharfen Konturen konnte man in der *Carton-Fabrik* bis zu zehn Exemplare herstellen, dann war die Form *ganz stumpf* und musste *schärfer nachgearbeitet werden*. Sie mochte noch für wenige weitere Exemplare taugen, dann war eine neue nötig. Nach dem Tod von Rost bezog Inspektor Bachmann Abgüsse aus Berlin, Braunschweig und Dresden.

Mit dem Angebot von über 300 verschiedenen Positionen muss das Formenlager in der *Carton-Fabrik* von den Skulpturen bis hin zu zierlichen Uhrengehäusen beträchtlich gewesen sein. Erhalten geblieben ist davon nichts.

X. Die Schöne

2020 – erneuter Besuch des Grafikers in Ludwigslust. So lange er konnte, wollte er das Grab seiner Eltern und den Schlosspark besuchen. Dorthin begleitete ihn der Autor, neugierig auf kundige Erzählungen aus der Vergangenheit. Der Park war in den Jahren zuvor restauriert und saniert worden, die Statuen, Büsten und Vasen, die den Park von 1765 bis etwa 1840 schmückten, fehlen allerdings. Der Grafiker war nicht glücklich mit dem, was er sah. Auf die Rekonstruktion der Papiermaché-Arbeiten – auch in einem pflegeleichten Material wie Steinguss oder Zement – hatte man verzichtet. Vom historischen Zustand zeugen nur die alten, jedoch präzisen Stiche des Hofmalers Findorff. Leider fehlen nun im barocken Teil des Parks wichtige Bezugspunkte wie die Postamente und Büsten am Festplatz vor der katholischen Kirche, die Vasen an den 24 Fontänen, die Büsten am großen Kanal, besonders jedoch die Büsten im Kaisersaal. Die dort nun aufgestellten Betonvasen nach Vorbildern aus dem späten 19. Jahrhundert sind beliebig und austauschbar wie Baumarktware und sagen nichts aus über die ursprüngliche Intention des Kaisersaals. Er war ein Kabinett des Wissens, in dem man sich auf Latein oder Griechisch über die alten Römer austauschte, neue Literatur präsentierte und Lehrstunden abhielt – oder auch Geschäfte abschloss.

Die Unzufriedenheit des Grafikers steigerte sich beim Anblick des Torsos der *Gartenfigur* nahe dem Schloss. Dass er sich auch an die Stadtverwaltung gewandt habe, sagte er, damit die kümmerlichen Reste wenigstens vor weiterer Zerstörung geschützt würden. Abhilfe wurde nicht geschaffen. Dass es schwer sein würde, die Sandsteinfigur ohne Vorlage zu rekonstruieren, da der Substanzverlust doch erheblich sei, gestand der Autor zu und erwähnte die alte Ansichtskarte mit der unscharfen und deshalb wenig nützlichen Abbildung der *Gartenfigur*. Dass der Sandstein nur eine vergrößerte Fassung sei, meinte der Grafiker, zuerst sei sie in Papiermaché gearbeitet worden. Wo es die denn geben solle, fragte der Autor. Darauf gäbe es eine Antwort, sagte der Grafiker unbestimmt. Der Autor setzte auf den nächsten Besuch. Dann kam Corona, es gab andere Sorgen.

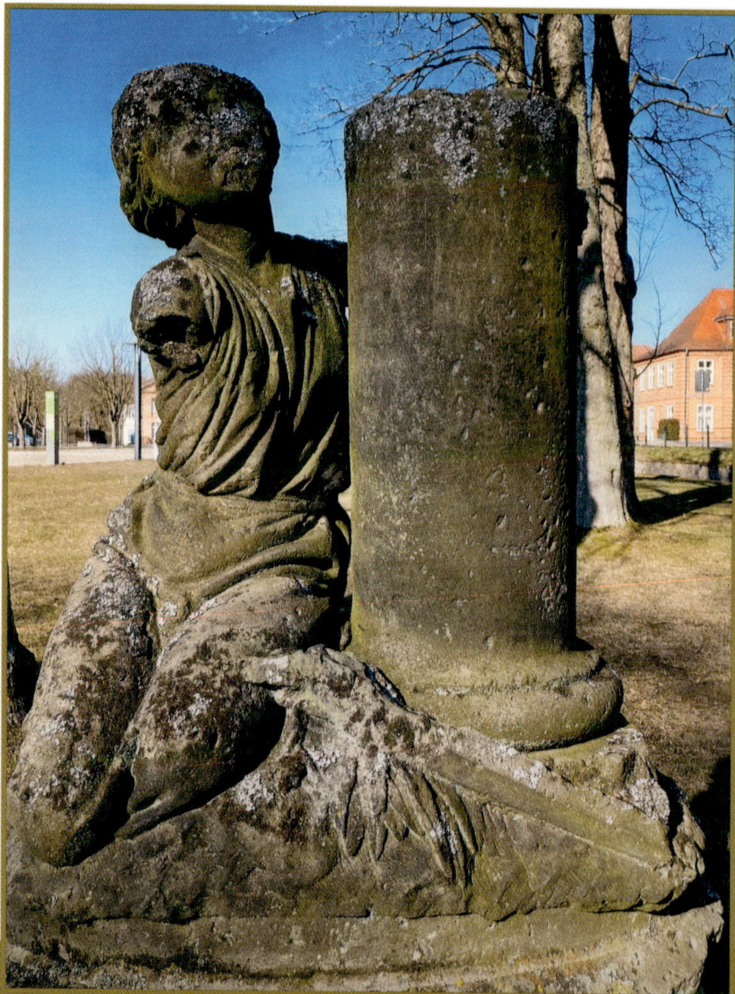

Torso des Sandsteins, 2023

XI. Zwei Masken

Kaum zu glauben, dass *für die Luft* gefertigtes Papiermaché aus der *Carton-Fabrik* doch erhalten geblieben ist. Diese für die Aufstellung im Freien angefertigten Objekte galten als Aushängeschild des Unternehmens. Das Material trotzte bei regelmäßiger Pflege über Jahrzehnte der Witterung, vor Frost wurde es wie exotische Pflanzen geschützt: Man trug die Götter in die Orangerie zu Kakteen und Zitrusbäumchen oder in die Werkstatt. Gleichwohl waren die Kunstwerke anfällig für Stöße und Feuchtigkeit. Die erfahrenen Handwerker der *Carton-Fabrik* wussten damit umzugehen, doch nach dem Ende der Fabrik geriet ihr Wissen in Vergessenheit. Es gibt keinen Hinweis darauf, dass für die Aufstellung im Freien gefertigten Götterbüsten oder -statuen überdauert hätten. Jedoch sind kleinere *für die Luft* gefertigte Arbeiten erhalten geblieben. Im Jahr 2022 fanden zwei kleine Masken, die zuvor eine Außentür in Ludwigslust schmückten, den Weg in eine Sammlung. Sie waren über 150 Jahre an einer Haustür Regen, Frost und Sturm ausgesetzt, geschützt durch etliche Anstriche mit Ölfarbe. Dass es sich bei den Masken um Papiermaché handelte, bemerkte der Tischler erst, als er die marode gewordene Tür in seiner Werkstatt zerlegte, um sie zu restaurieren. Was er für Holzschnitzwerk hielt, war es nicht. Die Masken waren in Kaschurtechnik gefertigt worden, mit Knochenleim getränkt und gehärtet, und hatten die *Carton-Fabrik* als *für die Luft* geeigneter Schmuck verlassen. Man konnte die Masken auch an Vasen montieren oder als Fassadenschmuck verwenden, es gab sie in verschiedenen Größen. Der Aufmerksamkeit des Tischlers ist es zu danken, dass diese vielleicht letzten und einzigen Zeugnisse des als Außendekoration gearbeiteten Ludwigsluster *Carton* nicht entsorgt wurden.

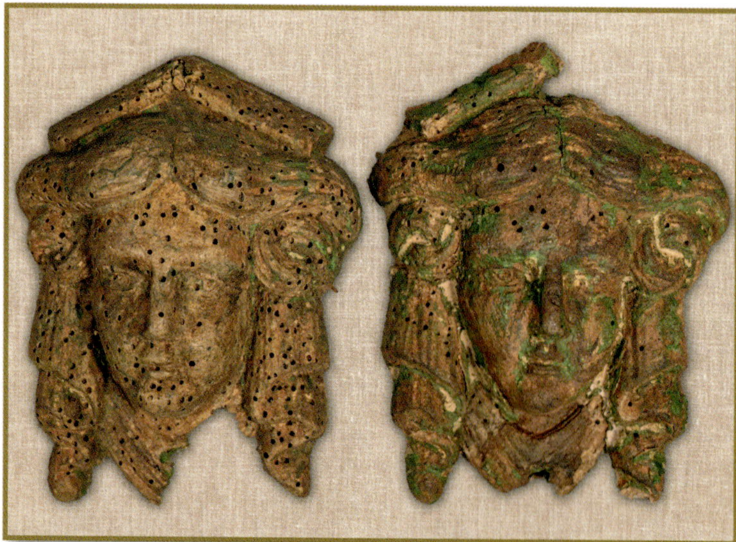

Masken von einer Außentür in Ludwigslust. Papiermaché, 19. Jh., Palais Bülow

Masken waren zu allen Zeiten beliebt, und es gibt sie in vielfältigen Formen in allen Kulturen, ob für rituelle Zwecke oder für Maskenbälle. Die bekannteste Maske aus der Antike ist die etwa 3500 Jahre alte sogenannte Maske des Agamemnon, die Heinrich Schliemann 1876 in einem Grab in der Burg von Mykene gefunden hat. Sie besteht aus Goldblech. Im griechischen Theater trugen Akteure Masken, die ihren Rollen entsprachen. Sie waren aus Leinen, Leder oder Bast gefertigt. Wichtig war, dass sie schnell und einfach herzustellen und leicht waren. Maskerade-Masken sind seit dem Mittelalter in Italien bekannt, mit der Verbreitung des Papiers seit dem 13. Jahrhundert benutzte man auch Papiermaché für das „andere Gesicht". In Sammlungen haben sich Karnevalsmasken aus Papiermaché aus dem 17. Jahrhundert erhalten. Sie wurden genauso hergestellt, wie auch in der *Ludwigsluster Car-*

ton-Fabrik gearbeitet wurde und wie heutzutage noch in einigen venezianischen Manufakturen.
Ein Kupferstich aus Christoph Weigels *Ständebuch* von 1698 zeigt im Abschnitt *Dockenmacher von Pappenzeuch* die Arbeitsschritte zur Herstellung von Karnevalsmasken aus Papiermaché.

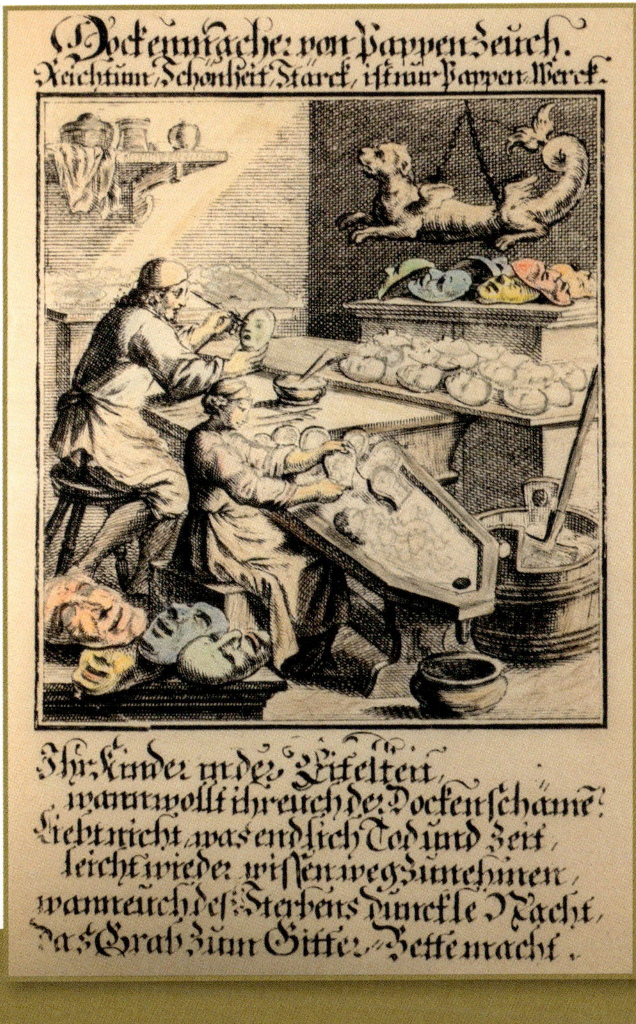

Dockenmacher von Pappenzeug.
Stich aus Christoph Weigels *Ständebuch*, 1698

Die im Stich dargestellte Arbeitsweise ist das Gießverfahren. Während beim Kaschieren Lagen von Papier mit Leim verklebt werden, wird hier ein Gemisch aus Papier, Leim, Wasser und weiteren Zutaten zu einem Brei verrührt und in die Formen gepresst. Der Blick in die Werkstatt aus dem 17. Jahrhundert, zeigt eine junge Frau an einem Tisch mit schräg gestellter Arbeitsplatte. Neben ihr steht ein Bottich, darin der angerührte Papierbrei. Mit dem Spaten, der im Bottich steckt, schafft sie die Masse auf ihren Arbeitstisch, dabei läuft überflüssiges Wasser über eine Öffnung ab. Die Frau drückt die Masse – auch Pulpe genannt – in bereitliegende Gipsformen, presst mit Tüchern das Wasser heraus, und zugleich die Masse fest in das Motiv. Die zum Trocknen aufgehängten Tücher sieht man im Hintergrund. Anschließend kamen die Formen mit der Masse zum Trocknen auf den Ofen, was Tage dauern konnte. Das Kapital jeder Manufaktur waren die Formen, die sie besaß. Je größer deren Zahl, desto größer konnte das Angebot sein. Motive lieferten Stiche in Musterbüchern oder aktuelle Figuren, zum Beispiel aus der beliebten *Commedia dell'arte*. Die Vorlagen wurden zumeist in den Manufakturen selbst in Ton oder Gips modelliert und davon Negativformen gefertigt. Nach dem Trocknen nahm man die Masken aus der Form, schliff, grundierte und bemalte sie, was auf besagtem Stich dem Meister vorbehalten bleibt.

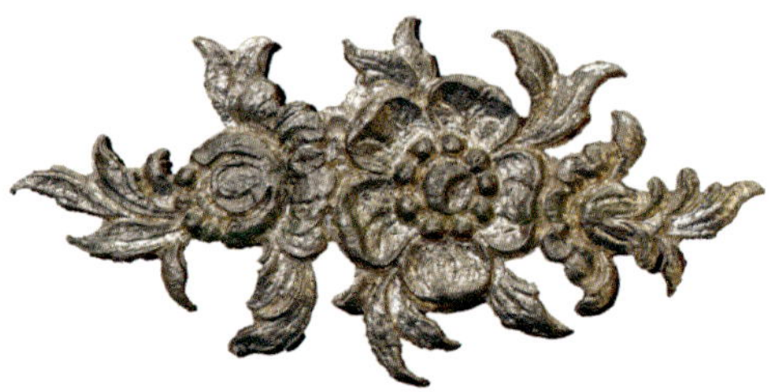

XII. Die Stärke

Frühjahr 2022: Der hochbetagte Grafiker hielt auf seiner Fahrt nach Hamburg kurz in Ludwigslust. Mit einem Plastiksack in der Hand stand er an der Tür des Autors, wollte nur bis in den Flur – ein wichtiger Termin stand an. Behutsam griff er in den Sack und zum Vorschein kam die Schöne. Um nichts an ihr zu beschädigen, hatte er auf weitere Verpackungen verzichtet. Dass ihn die Schöne schon als Jugendlichen fasziniert habe, erwähnte er – vor allem wegen ihrer eleganten Körperhaltung. Nichts an ihr sei aufgesetzt oder gestellt. Und doch gehe etwas Entschiedenes von ihr aus. Vor allem ihr Blick, der ihm damals im dunklen Treppenhaus je nach Lichteinfall anders vorgekommen wäre. Nun sei die Papiermaché-Skulptur hier wohl am besten aufgehoben, denn diejenigen, die sich um das kulturelle Erbe kümmern müssten, sähen dafür keinen Grund, und er äußerte einen Wunsch für die Gabe: Der Autor möge die Restaurierung des Sandsteins vor dem Schloss vorantreiben, denn dafür gäbe es nun die Vorlage in *Carton*.

Die Skulptur war fast schwarz angelaufen, Ergebnis von Feuchtigkeit in früherer Zeit. Die Substanz selbst hatte keinen Schaden genommen, bis auf kleine Abplatzungen am Sockel. Die hauchdünne Gipsschicht lag fest auf dem Papiermaché, dessen Lagen makellos miteinander verklebt waren. Die Schöne hatte nichts von ihrer Anziehungskraft verloren. Mit angewinkelten Beinen sitzt sie an einer Säule, die sie mit einer Hand umfasst, mit der anderen legt sie ein Schwert ab. Bekleidet ist sie mit einem Gewand im Stile eines antiken Chitons, das leicht auf ihrer Haut zu liegen scheint. An den Schultern wird es mit ovalen Gewandschließen zusammengehalten, um ihre Hüfte ist es gegürtet. Über der Stirn trägt sie ein Diadem. Am Hinterkopf ist das Haar zu einem Kranz gebunden, was auf eine griechische oder römische Göttin hinweist.

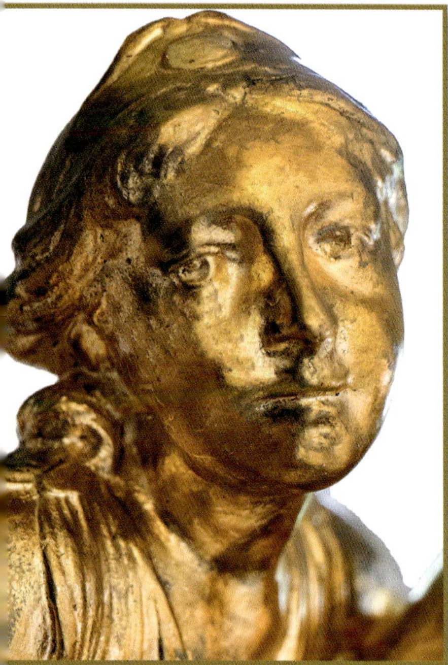

Ihr Blick ist eindringlich, ihre großen, offenen Augen zeigen Zuversicht, um ihren Mund liegt ein Hauch von Melancholie.
Dass es die Plastik noch gab – nach all den Revolutionen, Kriegen und Plünderungen in diesem Landstrich –, grenzte an ein Wunder. Doch aus welchem Anlass und mit welcher Intention wurde die Schöne in Auftrag gegeben? Von wem? Wer hat die Arbeit ausgeführt? Den Hinweis zum Künstler gab es auf der Ansichtskarte von 1900, auf der von Hofbildhauer Kaplungers *Gartenfigur* die Rede ist. Rudolf Kaplunger (1746–1795) arbeitete in Ludwigslust seit 1777 ausschließlich für den Herzog. Bis heute fertigen Bildhauer für gewöhnlich zunächst Modelle von dem an, was aus Marmor, Sandstein oder anderem Material entstehen soll. Das tat auch Kaplunger. Seine Tonmodelle zu den 40 Sandsteinstatuen auf der Attika des Ludwigsluster Schlosses waren kleine Kunstwerke, sie kamen später ins Schweriner Museum, wo sie bis 1945 nachweisbar sind. Nach der Besetzung der Stadt durch sowjetische Truppen beschlagnahmten deren Trophäenjäger über 2500 Kunstwerke und brachten sie in die Sowjetunion. Zu den Verlusten zählen die Tonmodelle und die damals noch vorhandenen Papiermaché-Büsten aus der herzoglichen Wohnung im Schloss.
Dass es zur Schönen ein Tonmodell von Kaplunger gegeben haben muss, belegt ein Hinweis in den Akten des Hofmarschallamtes, wonach der Bildhauer 1785 für dieses Modell bezahlt wurde. Das Tonmodell ist ebenfalls verschollen, aber in den Akten wird das von Kaplunger an die Manufaktur gelieferte Modell als *Die Stärke* bezeichnet. Der Bildhauer sollte die politischen Maximen des schwer kranken Herzogs für die Nachwelt künstlerisch festhalten und wählte ein Mädchen, das kraft Weisheit und Stärke ihr Schwert nicht erhebt, sondern ablegt. Der glatte Säulenstumpf symbolisiert den weise geführten Staat, das Schwert die Stärke und das Mädchen im Chiton und mit dem Diadem im Haar die Schönheit. Vereint sind Weisheit, Stärke und Schönheit – zudem drei Ideale der Freimaurer.

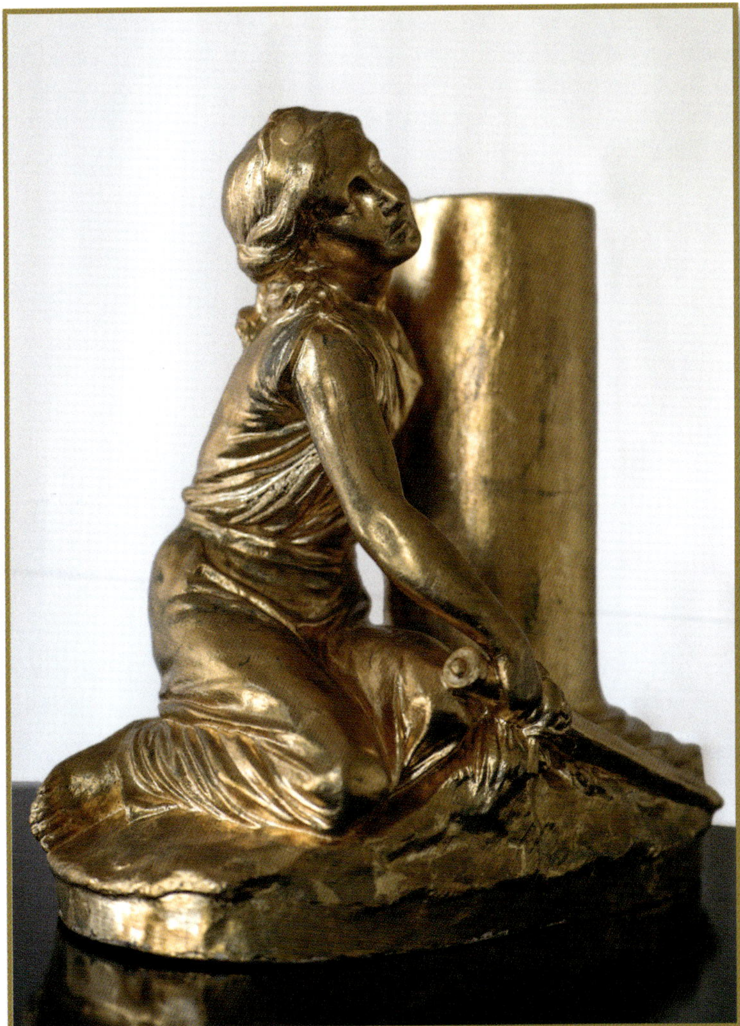

Die Stärke. Papiermaché, Ludwigslust 1785, Palais Bülow, 50 Zentimeter

Als Vorbild für seine Arbeit wird Kaplunger die *Knöchelspielerin* gesehen haben, eine allseits bekannte antike Marmorstatue, die in der Bildergalerie des Preußenkönigs Friedrich II. neben Schloss Sanssouci aufgestellt war und die der Künstler kannte. Von dieser Skulptur kursierten überall in Europa Gipsabgüsse.

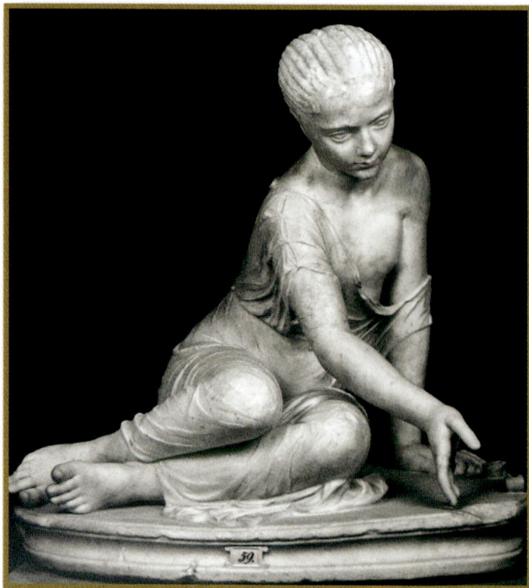

Knöchelspielerin, Original Marmor, 2. Jh., Gipsabguss

Kaplunger war vor seiner Ludwigsluster Zeit in Potsdam beschäftigt, hatte private Aufträge erfüllt und auch für Friedrich den Großen gearbeitet. Er hatte Wien, Paris und Rom besucht, kannte die berühmten Sammlungen antiker Originale und hatte möglicherweise sogar an der einen oder anderen Ergänzung mitgewirkt. Eine ähnliche Gestaltung wird ihm in der *Nymphe mit der Muschel* (heute im Louvre) bekannt gewesen sein. Im Gegensatz zu diesen beiden Antiken schaut Kaplungers Mädchen den Betrachter

direkt an, was eine eigene Findung ist, und das abgelegte Schwert gibt dem Kunstwerk eine völlig andere Aussage.
Von der Schönen wurden 1785 zwei Exemplare in Papiermaché ausgeformt, eines ging an den Herzog, das andere blieb in der Werkstatt – möglicherweise eine misslungene Arbeit. Im Verkaufsverzeichnis der *Carton-Fabrik* ist sie nicht aufgeführt und in den Akten des Hofmarschallamtes ist nach 1785 nichts mehr von ihr zu lesen. Umso erstaunlicher: *Die Stärke*, wie die Schöne offiziell heißt, ist in einem Exemplar erhalten geblieben. Sie war die erste vollplastisch ausgeführte Skulptur in der Geschichte der *Carton-Fabrik*, und sie ist in ihrer kunsthandwerklichen Qualität überragend. Anatomie und Faltenwurf, die Ausarbeitung der Haare und der Fingerspitzen mit den Fingernägeln sind detailgenau, die Konturen scharf ausgeführt wie bei einem feinen Bronzeguss – und doch bringt die Plastik mit einer Höhe von einem halben Meter keine 200 Gramm auf die Waage.
Größere Restaurierungen des Papiermachés waren zum Glück nicht nötig, die geringen Abplatzungen am Sockel und an einer Fingerkuppe wurden ergänzt, die oberflächliche Verschmutzung mit einem Trockenpulver beseitigt. Dabei kam die alte, über die Jahrhunderte verschwärzte Fassung in *Glanz-Gold* zum Vorschein.
Die Ausführung in Sandstein in gut doppelter Größe kam 1786 zustande – Herzog Friedrich war bereits gestorben. Sein Nachfolger ließ die Figur seitlich vor dem Schloss aufstellen, wie von Friedrich gewünscht. Das Wissen um die Bedeutung der Sandsteinskulptur muss schon zur Zeit um 1900 verloren gegangen sein, denn eine *Gartenfigur* war die Plastik nie. Nach 1945 hielt man sie für einen Amor oder einen gefallenen Engel. Inzwischen ist sie mit ihren Beschädigungen zum moosbewachsenen Steinblock geworden. Nach einem Zeitungsbericht über die glückliche Rückkehr *Der Stärke* ließ die Stadtverwaltung den Torso umgehend mit einem Bauzaun sichern und bemüht sich um Fördergelder für weitere Schritte …

Sechzehntes Kapitel.

Von der Verwendung des Papierstoffs zu Waggonrädern.

Wie in Amerika, so wird neuerdings auch in England, Frankreich und Deutschland Papierstoff zu den Rädern der Eisenbahn-Waggons benutzt. Bei diesen Rädern ist der Reifen aus Stahl und wird zum Aufziehen auf der Innenseite etwas konisch gedreht, so daß der innere Durchmesser an der Flantsche 8 Millimeter kleiner ist als der andere. Der Körper des Rades bildet ein Papierblock, gebildet aus Strohpapier, welcher in Scheiben von 76 Zentimeter Durchmesser geschnitten wird, die dann mit gewöhnlichem Leim zusammengeleimt und unter einem hydraulischen Druck von 300 Tonnen (= 6000 Zentner) zu einem Ganzen vereinigt werden. Nachdem der so erhaltene Block nahezu zwei Wochen lang in einem Trockenhause getrocknet worden ist, wird er auf einer gewöhnlichen Drehbank abgedreht und zugerichtet. Der dabei verwendete Drehstahl gleicht einem für Eisen benutzten, aber die Umlaufsgeschwindigkeit ist etwa dieselbe wie beim Abdrehen von Messing. Der so abgedrehte Block ist natürlich etwas größer als die Bohrung des Eisens, in den er passen soll, damit man sicher ist, daß er vollkommen fest darin sitzt. Darauf wird ein hydraulischer Druck von etwa 400 Tonnen (= 8000 Zentner) angewendet, um den Block in

— 59 —

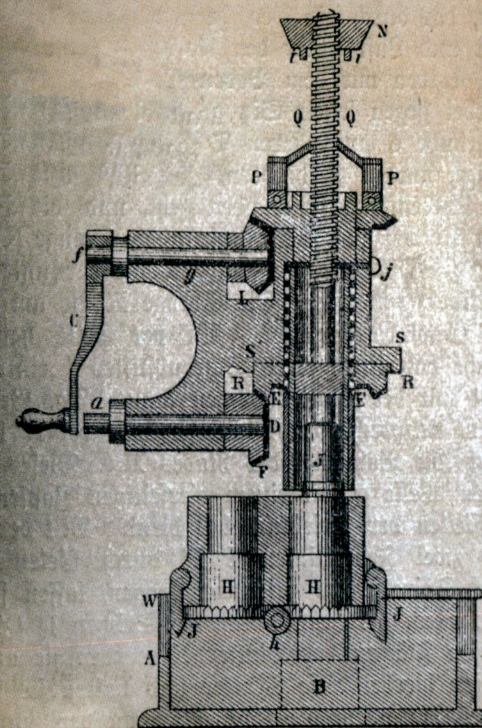

Fig. 5. Maschine zur Herstellung von Gefäßen.

Seiten aus: „Papiermaché und Zelluloid“ von Anton Winzer, Leipzig 1907 mit der Abbildung einer Maschine zur Herstellu von Gefäßen aus Papiermaché

XIII. Das industrielle Papiermaché

Im 18. Jahrhundert arbeiteten in Deutschland zahlreiche lokale Manufakturen mit Papiermaché. Zu den bekanntesten gehörte die Braunschweiger Spiegelfabrik, die Mitte der 1760er-Jahre mit der dort gerade gegründeten Kartonfabrik fusionierte. 1768 wurde das Produktangebot der *Braunschweiger Spiegel- und Kartonfabrik* bekannt gemacht, nachzulesen im *Braunschweiger Anzeiger* aus jenem Jahr. Bezogen werden konnten *Dessins von Dekorationen, so wie solche in einer Stube oder Saale, bisher von Stuckarbeiten mit Gips gemacht wurden*. Zum Angebot gehörten Zierleisten, Bilderrahmen, Konsolen, Uhrengehäuse und kleine Dosen. Kaum etwas davon hat sich erhalten.
Auch in Düsseldorf gab es eine Manufaktur. Ein gewisser Professor Joseph Bäumgen bot Mitte der 1770er-Jahre Konsolen und Uhrengehäuse aus einer festen und dauerhaften Papiermasse an, *nach eigener Erfindung*. Die Produkte zielten auf heimische Käufer. Lange bestand keine dieser kleinen Werkstätten. Überregional erreichte nur die ebenfalls in Braunschweig ansässige Stobwasser-Manufaktur Bedeutung. Dort griff man die Erfolgsgeschichte der Brüder Martin auf und verzierte Dosen, Etuis, Tabletts aus Papiermaché mit Lackmalerei. In der Manier von *Vernis Martin* fertigte Ende des 18. Jahrhunderts auch Peter Adt bei Saarbrücken Dosen an. Seine Söhne gründeten 1839 die *Papiermachéfabrik Adt*, die erfolgreich Knöpfe, Etuis, Handschuh- und Hutschachteln als Massenware produzierte.
1847 schuf der Musikinstrumentenbauer Heinrich Joseph Haseneier in seiner Koblenzer Werkstatt ein Kontrafagott aus Papiermaché. Wegen seines vollen Klanges in besonders tiefen Tonlagen war auch Richard Wagner an dem Instrument interessiert. Haseneiers Version setzte sich jedoch nicht durch.
Papiermaché blieb auf Theaterbühnen das bevorzugte Material für Dekorationen. Mit dem Bau großer städtischer Theater und

Opernhäuser in der zweiten Hälfte des 19. Jahrhunderts wurde zudem Papiermaché als Innendekoration genutzt. Das leichte Material war aus statischen Gründen viel geeigneter als Stuck, um die Brüstungen der Ränge und die Decken der Säle zu schmücken.

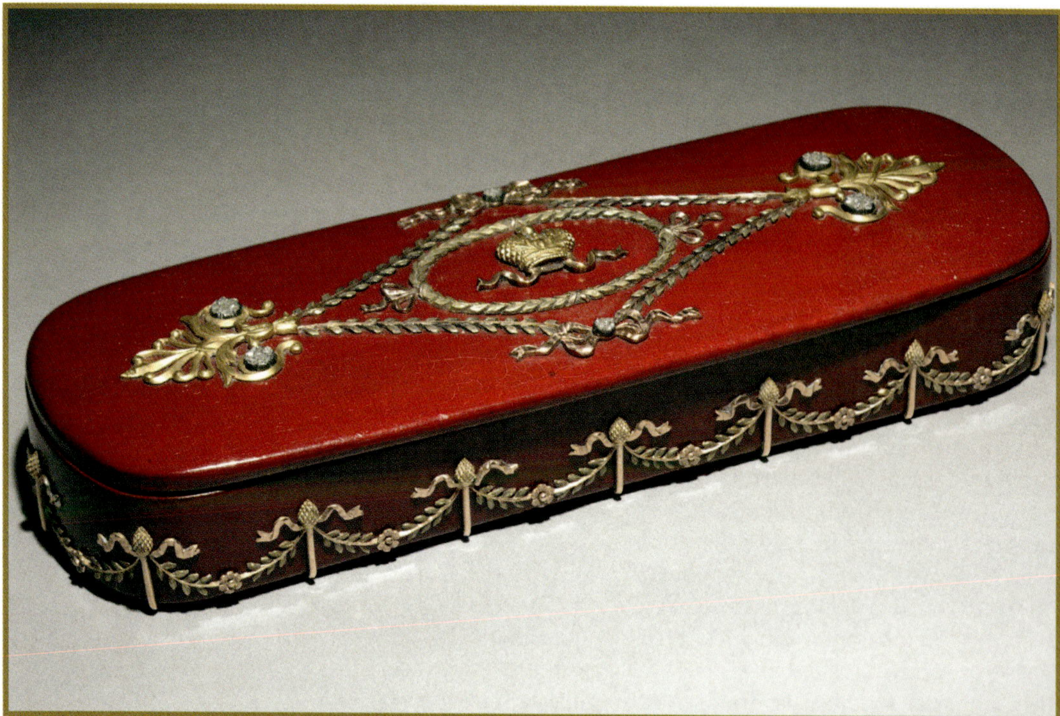

Lackdose aus Papiermaché mit Goldauflage und Diamanten von Peter Carl Fabergé (1846–1920), St. Petersburg 1885

Der Weg vom manuell hergestellten Papiermaché zur maschinellen Fabrikfertigung, also zur Massenware, begann bereits im frühen 19. Jahrhundert in England. Mit Hilfe von Pressen, die mit Dampfmaschinen angetrieben wurden, konnten Tabletts, Leuch-

ter, kleine Figuren und Puppenköpfe in großen Mengen hergestellt werden. Um Tischplatten oder Kutschenverkleidungen zu produzieren, die Holz ersetzen sollten, gab man der Masse Holzmehl, Leim und Lumpen bei.
Mit dem Bauboom in der Gründerzeit kam industriell hergestellter Raumschmuck aus Papiermaché in Deutschland in erheblichem Umfang zum Einsatz. Es wurde viel und schnell gebaut, Dekors für die großbürgerlichen Wohnungen in Berlin, Hamburg, Leipzig oder Chemnitz waren gefragt. Mittelständische Fabriken lieferten Deckenrosetten, Friese und Zierleisten. Neue Verfahren, wie die Beimischung von Lumpen in größerem Maße, sparten Papier, brachten mehr Stabilität, waren jedoch aufwändig und lohnten nur bei Herstellung hoher Stückzahlen. Geeignete Lumpen wurden zerkleinert, dann gekocht, bis sie zerfaserten. Das *Halbzeug* wurde mit Chlorkalk gebleicht, anschließend mit Schwefel- oder Salzsäure in *Haderkochern* neutralisiert. Papier und Stofffasern kamen in eine Papier-Zerreibemaschine: *Wenn die Papiermasse gekocht ist,* [...] *fischt man sie mit einem Drahtsieb aus dem Kessel, lässt sie abtropfen und macht Ballen daraus,* [...] *oder stößt sie ganz fein mit dem Mörser. Auf zwei Kilogramm dieser Masse setzt man drei Kilogramm feingemahlener Kreide zu und mischt sie dann mit Leimwasser* [...] *Nun knetet man die Masse gut durcheinander, so dass sie die Konsistenz eines Teigs erhält* [...]. Diese Handlungsanleitung von 1906 enthält auch Varianten, um mit zerkleinerten und dann zerkochten Holzabfällen als Zuschlagstoff zu arbeiten.
Fast alles, was an industrieller Innenraumdekoration hergestellt wurde, ging durch Kriegszerstörungen und spätere Sanierungen in Deutschland verloren. Ab den 1970er-Jahren kam Styropor als Raumschmuck in Mode, leicht, in allen Varianten zu haben, billig und deshalb beliebt.
Kunstwerke mit Papiermaché zu gestalten, ist indes nie ausgestorben. Zu den bekanntesten Skulpteuren, die mit diesem Material arbeiten, gehört der 1950 geborene Amerikaner Kay Ritter. In un-

verwechselbarer Handschrift formt er liebevoll lebensgroße Zeitgenossen des Alltags: Hausmeister, Floristen, Sängerinnen, die Oma auf dem Fahrrad. Ihm gelingt es, Röcke, Hosen und Mäntel aus Papiermaché wie leicht fallende Stoffe wirken zu lassen. Auf Auktionen erreichen seine Arbeiten fünfstellige Erlöse.

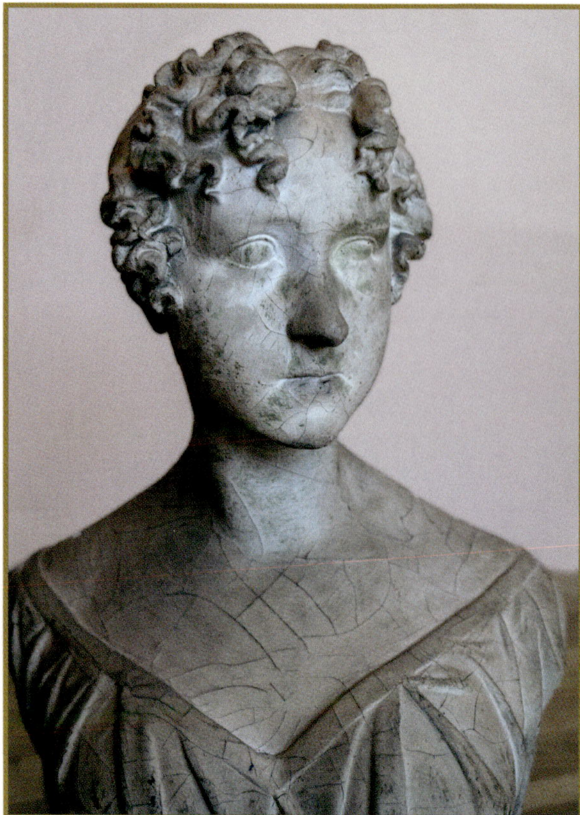

Caroline Louise von Sachsen-Weimar-Eisenach.
Papiermaché, Ludwigslust 1811, Palais Bülow, 65 Zentimeter

XIV. Warum dieses Buch?

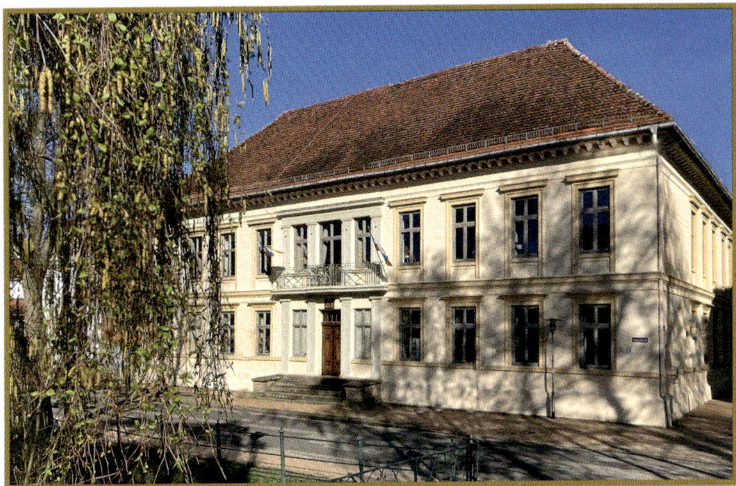

Palais Bülow, 2022

2012 kauften der Autor und seine Frau das inmitten von Ludwigslust gelegene Palais Bülow. Nach jahrelangem Leerstand war das Gebäude einsturzgefährdet und in jeder Hinsicht in einem erbärmlichen Zustand. Großherzog Friedrich Franz hatte es 1830 für seinen Vertrauten Vollrath Joachim Helmuth von Bülow (1771–1840) als Dienst- und Wohnsitz errichten und repräsentativ ausstatten lassen. Neben Tafelparketten und Wandbespannungen gehörte auch Ludwigsluster *Carton* an Decken und Wänden dazu. Ab 1869 wurde das Haus als Offiziersmesse für die in Ludwigslust stationierten Dragoner genutzt. Regelmäßig gaben die Großherzöge von Mecklenburg als Chefs der Dragoner Feste im Haus. Quellen berichten auch, dass junge Prinzessinnen im Saal die Nächte durchtanzten, was ihnen im Schloss nicht möglich war. Kamen im Frühjahr und Herbst Kaiser Wilhelm I. und später Wilhelm II.

mit großer Entourage zu den Jagden nach Ludwigslust, wurde das Palais als Gästehaus genutzt.

Bis 1945 überstand das Gebäude die Zeitläufte schadlos. Mit der Besetzung der kleinen Residenzstadt durch sowjetische Truppen ging das Inventar, insbesondere die Gemälde der mecklenburgischen Herzöge und Großherzöge auf ihren Lieblingspferden im Saal, verloren. Reste von zersäbelten Gemälden wurden gefunden, ebenso Kontobücher, Briefe und Utensilien. Seit 2023 hängt das Gemälde mit dem Standartenträger der Dragoner wieder an seinem alten Platz im Saal des Hauses – es wurde im Auftrag des Großherzogs vom Hofmaler Theodor Schloepke gemalt. Zurückgekehrt ist auch das Bild des *Abfallenden Reiters*. Es zeigt ein durchgehendes Pferd, dass seinen jungen Offizier abwirft. Der Großherzog ließ es malen, weil junge Offiziere seiner Elitetruppe immer wieder betrunken zum Dienst erschienen. Das Bild hing im Saal der Offiziersmesse hinter einem Vorhang. Wer wegen Trunkenheit vom Pferd fiel, sah am Abend im Saal den aufgezogenen Vorhang mit dem „Abfallreiter", konnte sein Namensschild unter dem Bild lesen und wusste, dass er für das gesamte Offizierskorps die Zeche zu zahlen hatte.

Nach Kriegsende war das Palais kurzzeitig Sitz des sowjetischen Kommandanten, dann *Haus der Deutsch-Sowjetischen Freundschaft* und ab den 1950er-Jahren bis 1989 *Haus der Pioniere*. Schüler verbrachten nach dem Unterricht in Arbeitsgemeinschaften dort ihre Freizeit. Die historische

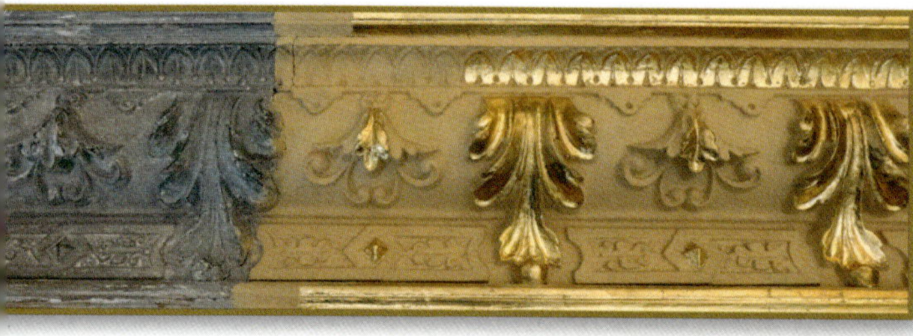

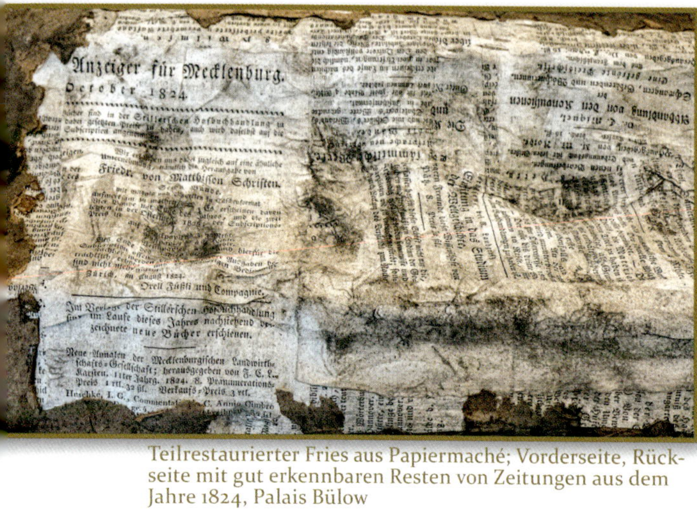

Teilrestaurierter Fries aus Papiermaché; Vorderseite, Rückseite mit gut erkennbaren Resten von Zeitungen aus dem Jahre 1824, Palais Bülow

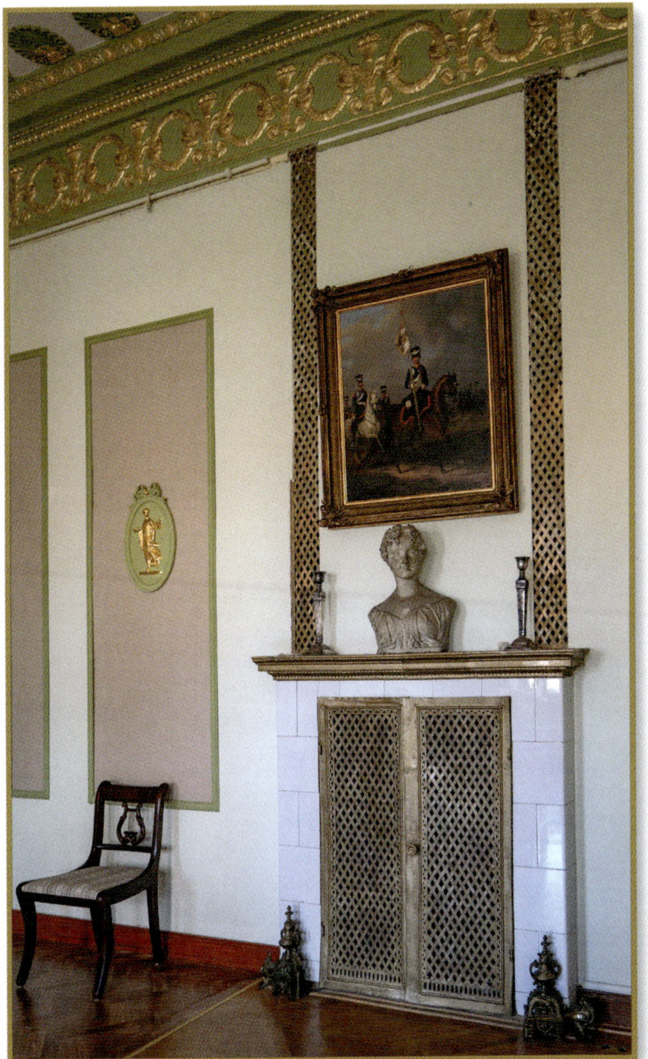

Restaurierter Fries im Saal im Palais Bülow. Auf dem Kaminsims eine Büste aus der *Carton-Fabrik* (siehe S. 76), darüber das Gemälde mit dem großherzoglichen Standartenträger

Substanz nahm erheblichen Schaden, auch durch Vernachlässigung. Was an die feudale Vergangenheit erinnerte, wurde mehr oder weniger beseitigt, besonders litt dabei die Dekoration aus *Carton*.

Nach Kauf des Hauses durch die heutigen Eigentümer kamen beim Abriss von Nebengebäuden Teile historischer Einbauten des Palais und Deckenschmuck aus Papiermaché zum Vorschein, was eine Wiederherstellung vieler Räume im historischen Zustand ermöglichte. Dabei wurde die Beschäftigung mit dem Ludwigsluster Carton unter praktischen und kulturhistorischen Aspekten unumgänglich. In der Werkstatt des Hauses haben die Eigentümer hunderte Einzelteile von zerschlagenen Deckenrosetten, Friesen und Zierleisten wieder zusammengesetzt und Fehlstellen nachgeformt. In den Gesellschaftsräumen hat der Raumschmuck wieder seinen alten Platz bekommen.

Neben der Restaurierung ist das Sammeln und die Präsentation von Ludwigsluster *Carton* zu einer weiteren Aufgabe geworden. Gäste, die das Haus besuchen, bewundern dekoratives und figürliches Papiermaché und versuchen sich in der Werkstatt selbst mit kleinen Arbeiten.

Was Bachmann, Kaplunger und ihre Helfer damals zu leisten in der Lage waren, ist einmalig, und deshalb soll über das kulturgeschichtliche Phänomen des Ludwigsluster *Cartons* weithin berichtet werden ...

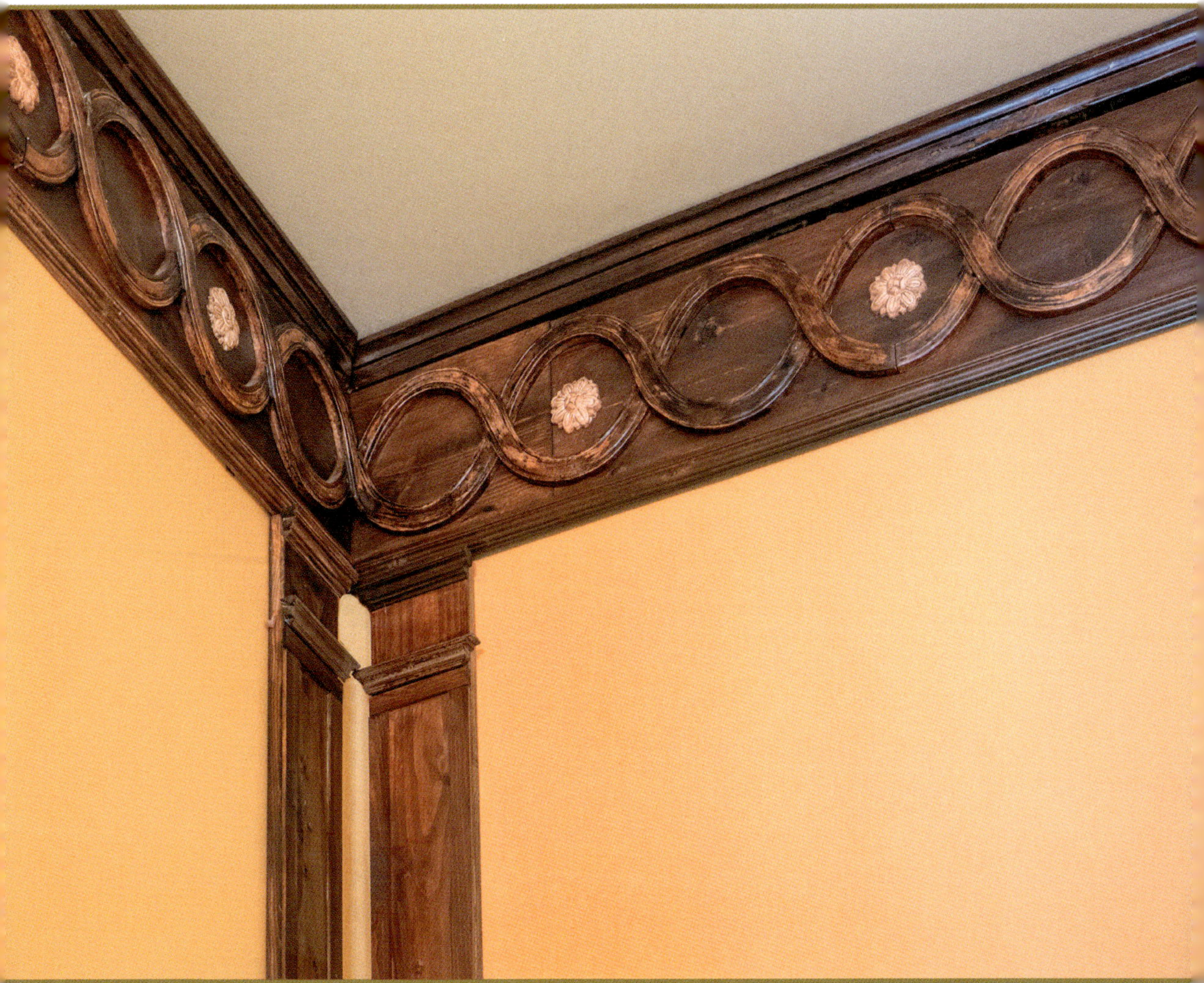

Wandschmuck aus Papiermaché, um 1830, Palais Bülow

Abbildungen

Die Abbildungen entstammen dem Archiv des Autors, die Objekte auf den Seiten 6, 40, 46, 49 finden sich in privaten Sammlungen.
Fotograf: Ralf Pardun

Quellen- und Literaturverzeichnis

Becker, Marcus: Preiswerte Götter, Weimar 2014.
Boll, Ernst (Hg.): Geschichte Mecklenburgs, Neubrandenburg 1855.
Brun, Hartmut: Ludwigslust. Ein Lesebuch, Rostock 2001.
Dokumentation der kriegsbedingt vermissten Kunstwerke des mecklenburgischen Landesmuseums, Bd. 1, Schwerin 1998.
Den Haag, Museum Meermanno-Westreenianum, Rundgang.
Deutsche Zeitung der Industrie und Spekulation, Jg. 1797, Berlin 1797.
Der Anzeiger, Gotha 1792.
Die Braunschweiger Spiegel- und Kartonfabrik, in: Der Kunstwanderer, 1925/26, Berlin 1926.
Fortgesetzte Magie, Wien 1793.
Genius der Zeit, Nr. 2, Altona 1794.
Hegner, Kristina: Sparsamkeit und Kunst um 1800. Die Pappmachéprodukte der Herzoglichen Carton-Fabrique in Ludwigslust, in: Arbeitskreis Bild und Druck, Bd. 13, Münster 2008.
Hempel, Gustav: Geographisch-statistisch-historisches Handbuch, Parchim 1843.
Hermann, Benedikt Franz Johann: Statistische Schilderung von Russland, Petersburg 1790.
Heyden, Sylvia van der: Antikenreproduktionen in Papiermaché um 1800, die Kartonfabrik Ludwigslust. In: Pegasus. Berliner Beiträge zum Nachleben der Antike, H. 15, Berlin 2013.
Journal des Luxus und der Moden, Jg. 1790, Weimar 1790.

Ketelhodt, Friedrich Wilhelm von: Das Tagebuch einer Reise der schwarzburg-rudolstädtischen Prinzen [...], hg. von Joachim Rees, Rudolstadt 2004.

Kopplin, Monika: Vernis Martin, München 2013.

La Lande, Jérôme: Art du Cartonnier, Paris 1762.

Landeshauptarchiv Schwerin: 2.12-1/7, Reisen mecklenburgischer Fürsten.

Landeshauptarchiv Schwerin: Hofmarschallamt, Akten die Carton-Fabrik betreffend.

Meusels Miscellancen, Nr. 10, Erfurt 1797.

Müller, Sarah Avischag/Waczkat, Andreas (Hg.): Utopie und Idylle. Der Mecklenburg-Schweriner Hof in Ludwigslust, Hildesheim 2019.

Nugent, Thomas: Reisen durch Deutschland und vorzüglich durch Mecklenburg, Berlin 1782.

Puntigam, Sigrid (Hg.): Der Mecklenburgische Planschatz, Dresden 2020.

Saubert, Ernst: Der großherzogliche Schlossgarten zu Ludwigslust, Ludwigslust 1899.

Schmidt-Funke, Julia: Kommerz, Kultur und die gebildeten Stände, PDF unter URL: http://www. goethezeitportal.de >wiss> epoche, 2012.

Schreiter, Charlotte: Antike um jeden Preis, Berlin 2014.

Schütze, Stefan: Humoristische Reise durch Mecklenburg, Holstein, Dänemark [...], Hamburg 1824.

Mortimer's Universal Director, London 1763, Eintrag zu Peter Babel, URL: https://www.britishmuseum.org/collection/term/BIOG18050.

Sincerus, Alexander: Lust und Nutz, Hamburg 1718.

Weigel, Christoph: Ständebuch, München 1963.

Winzer, Anton: Papiermaché und Zelluloid, Leipzig 1907.

Zimmermann, Konrad: Antikenrezeption am Ludwigsluster Hof, in: Mecklenburgische Jahrbücher, Nr. 132, Schwerin 2017.